Claudia Giesser

Vorhänge und Rollos selbst genäht

Claudia Giesser

Vorhänge und Rollos selbst genäht

Die beliebtesten Ideen für jeden Stil

AUGUSTUS

INHALT

VORWORT

Neue Vorhänge braucht das Land, denn Vorhänge sind bestens geeignet, um eine fröhliche Stimmung ins Haus zu holen. Weil es Frühjahr ist, weil es Herbst wird oder einfach nur, um wieder einmal ein völlig neues heimeliges Feeling zu genießen.

Geben Sie Ihren Fenstern durch Farbe und Stoff ein neues Outfit. Ob modern oder klassisch, dieses Buch hält eine Reihe von Dekorationsideen für Sie bereit und soll Lust auf Experimente mit sehenswerten Ergebnissen wecken.

Voraussetzung ist, dass Sie – vielleicht auch als Einsteiger – eine gerade Naht nähen können. Wenn Sie dann von Freunden und Bekannten nach Ihrem Raumausstatter gefragt werden, können Sie stolz zugeben, selbst Hand angelegt zu haben.

Da Dekostoffe oft nicht gerade preiswert sind, scheint das Experimentieren zu einem luxuriösen Vergnügen zu werden. Wer weiß auch schon vorher so genau, ob das Ergebnis wirklich sehenswert ist. Schieben Sie diesen Gedanken beiseite. Experimentiert wird nur mit Papier und Bleistift und als Modelle werden maßstabsgerechte Muster angefertigt. Auf diese Weise bekommen Sie ein Gefühl für Proportionen.

Das erste Kapitel vermittelt Ihnen nicht nur Grundwissen über die farbliche Raumgestaltung, Sie erfahren auch, wie Problemfenster mit einer passenden Dekoration optisch verändert werden können. Viele praxisbezogene Gestaltungs- und Verarbeitungstipps, Hinweise für einen korrekten Zuschnitt sowie eine Produktübersicht in Sachen Häkchen, Bänder und vieles mehr helfen, die richtige Entscheidung zu treffen und Ihren Traum Wirklichkeit werden zu lassen. Mit einem maßstabgetreuen Modell können Sie dann vor dem eigentlichen Stoffkauf, die Fensterdekoration so oft umgestalten, wie es Ihnen Spaß macht. Auch ohne Computer-Animationsprogramm ist dies mit wenigen Holzleistchen, ein paar Nägeln und billigem Probierstoff möglich.

Im zweiten Kapitel geht es dann ans Werk. Damit schöne Stoffe ihre Wirkung auch voll entfalten können, benötigen Sie Kenntnisse über fachmännische Verarbeitungsmethoden. So gut vorbereitet kann Ihre Dekoration bald zum Einsatz kommen.

Lassen Sie sich zum Schluss noch überraschen, wie man Unikate in unkonventioneller Weise aus einfachen Stoffen anfertigen kann. Und nun viel Erfolg beim Experimentieren und Nacharbeiten der Modelle.

Claudia Giesser

KAPITEL 1

Grundlagen zur Fensterdekoration

Allgemein

Bevor Sie blindlings mit der fixen Idee, endlich einmal die Gardinen zu wechseln, in den nächsten Laden stürzen, sollten Sie zunächst einmal in sich gehen. Denn steht man schon in einem Geschäft und lässt sich von den vielen dekorativen Stoffen in prachtvollen Farben verführen, stellt man hinterher fest, dass wichtige Dinge einfach vergessen wurden. Die hinreißende Wirkung eines schönen Stoffes verblasst dann all zu schnell, wenn das tägliche Leben mit dem neuen Vorhang zum Hindernislauf wird.

Lebensstil

Wie sieht es bei Ihnen zu Hause eigentlich aus? Leben Sie in einer eher unkonventionellen Wohnung, in der vieles einfach nach und nach dazu kam, also relativ bunt wirkt? Oder in einer wohl durchdachten, stilistisch einwandfreien Umgebung, in der jedes Teil exakt zum anderen passt? Für die erste Möglichkeit darf es gerne ein schlichter unifarbener Stoff sein, um in den bunten Gesamteindruck etwas Ruhe zu bringen. Bei der zweiten Variante würde ein leicht wirkender, eventuell sogar bunter Stoff eine gewisse Auflockerung der strengen Ordnung bewirken.
Hat Ihre sonstige Einrichtung eher einen modernen schlichten Touch

oder spiegelt Sie Ihre mediterranen Urlaubserinnerungen wider? Schwärmen Sie für schwedisch? Egal welchen Stil Sie bevorzugen, bleiben Sie ihm auch bei der Wahl der Gardinen treu. Es sei denn, Sie beabsichtigen eine langsame Trendwende in Ihren eigenen vier Wänden. Wenn dies so ist und Sie gerade mit den Gardinen beginnen möchten, so sollte der Wechsel nicht all zu krass ausfallen. Die Fensterdekoration sollte auch nicht ganz vom Stil des Hauses abweichen, sofern ein Stil erkennbar ist. Rüschengardinen eignen sich nicht für supermoderne Architekturen und Graffitimuster nicht unbedingt zu Schwarzwälder Bauernhäusern. Schlichte moderne Stoffe und Gestaltungen passen hingegen für fast alle Baustile.
Kleine Fenster können optisch vergrößert werden, wenn man rings um das Fenster den Stoff je nach Transparenz ca. 20 bis 30 cm überstehen lässt. Hohe Fenster lassen sich mit einem Querbehang ausgleichen und/oder seitlichen Vorhängen, die vor der Wand hängen. Auch dunkle Farben im oberen Bereich oder Querstreifen lassen ein hohes Fenster breiter erscheinen. Beim Modellbau Ihres Fensters (siehe Seite 10) können Sie noch nach Herzenslust andere Möglichkeiten ausprobieren.

Farben und Muster

Strenge Regeln gibt es nicht, aber für ein gewisses Wohlbefinden sorgt eine harmonische Farbauswahl. Ruhige sanfte Farben wie zarte Grau-, Blau- oder Grüntöne wirken beruhigend. Die Einrichtung erscheint dezent und elegant. Frische, klare Farben wie Sonnengelb, Mandarin, Azurblau oder Apfelgrün haben eine heitere, stimulierende Wirkung auf uns Menschen. Diese klaren Farben wirken jung, frisch und lebendig. Die selben Farben erscheinen aber sanfter und dezenter, wenn man statt des Sonnengelbs einen blassen Maiston, statt dem Mandarin einen zarten Apricot-Ton verwendet. Wer kräftige intensive Farben wie Rot, Orange, Blau, Grün oder Schwarz in ihrer klarsten Form liebt, darf auch bei den Vorhängen dieser Linie treu bleiben. Es zeugt von einem individuellen Lebensstil und ist ein Ausdruck von Lebendigkeit und Vitalität der Persönlichkeit des Bewohners eines solchen Raumes.
Allzu viel dunkle Farben in einem kleinen Raum haben allerdings eine sehr dramatische Ausstrahlung, erschlagen einen regelrecht beim Betreten und erinnern eher an eine Höhle als an einen Wohnraum.
Kleine Räume wirken mit kühlen Farben optisch größer, umgekehrt kann man großen Räumen einen gemütlicheren Touch mit eher

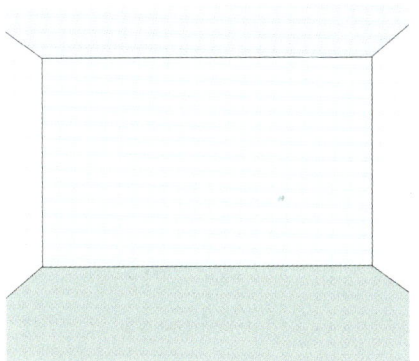

Der Raum wirkt kühl; man empfindet Weite und Ferne.

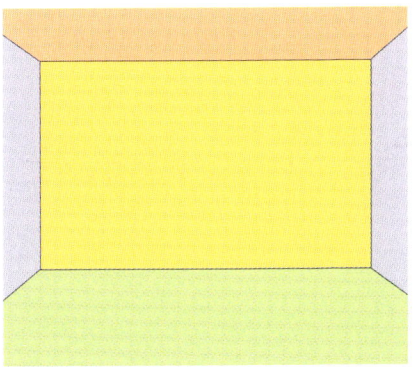

Der Raum wirkt heiter; man empfindet Wärme und Licht.

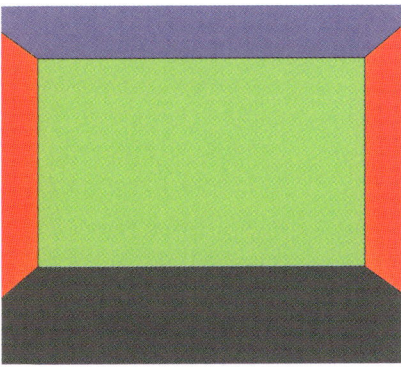

Der Raum wirkt knallbunt; man empfindet Lebhaftigkeit und Bewegung.

warmen Farbtönen geben. In Räumen, die nach Süden liegen und im Sommer sehr warm werden, schafft man mit kühlen Farben auch eine erfrischende Ausstrahlung. Hingegen fröstelt man weniger, wenn man in oft nach Norden liegenden Bädern warme Farbtöne bevorzugt. Ein sonnengelbes Bad lässt auch durch kleine Fenster die Sonne hereinscheinen und stimmt sogar Morgenmuffel fröhlich.

Große auffallende Muster sind etwas für große Fenster, wobei dann die sonstige Raumgestaltung eher zurückhaltend ausfallen sollte. Kleine auffallende Muster wirken an großen Fenstern etwas verloren, sind jedoch zur Randgestaltung oder als farblich abgestimmter Raffhalter durchaus denkbar.

Licht und Luft

Zu kleine Fenster sollte man nicht zusätzlich mit schweren Gardinen behängen. Transparente Stoffe, etwas üppiger drapiert, wirken leicht und bringen eine gewisse Großzügigkeit. Riesige Fenster hingegen wirken weniger wie

schwarze Löcher (insbesondere nachts), wenn kräftige Stoffe das Fenster einrahmen. Die Möglichkeit, den Vorhang abends zuziehen zu können, bringt die Gemütlichkeit wieder zurück.

Das Thema Lüften ist bei der Wahl der Fensterdekoration nicht zu vernachlässigen. Es gibt viele schöne Drapierungen, doch spätestens beim Öffnen und Schließen der Fenster sind sie oft sehr lästig. Auch überlange, das heißt aufstehende Gardinen gehören dazu. Nach jedem Schließen des Fensters oder der Tür muss man ein wenig nachhelfen, um wieder eine schöne Optik zu erreichen. Denn auch das scheinbar so Zwanglose braucht eine ordnende Hand.

Wer das Pech hat, in einem zugigen Altbau zu wohnen, sollte sich überlegen, ob er die Vorhänge nicht eventuell füttern möchte. Zum einen bekommen diese einen gewissen Stand und ein edleres Ambiente, zum anderen wird die Zugluft gebremst. Dies spart dann im Winter natürlich auch Heizkosten. Bei fehlenden Fensterläden kann ein Futter aus speziell verdunkelnden Stoffen den Licht-

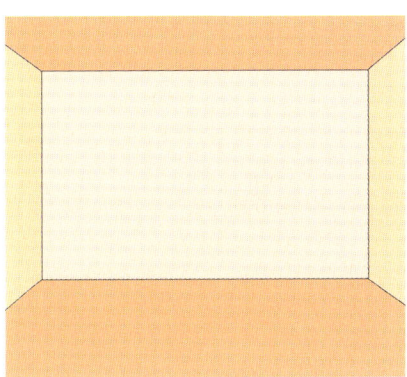

Der Raum wirkt warm; man empfindet Nähe und Geborgenheit.

einfall im Raum lenken. Solche beschichteten Materialien halten auch die Hitze im Sommer etwas zurück.

Sichtschutz

Dünne Stoffe sind im Allgemeinen auch transparenter und lassen speziell nachts, wenn im Zimmer Licht brennt, neugierige Blicke ungehindert hindurch sehen. Testen Sie also an einem Musterstück die Wirkung bei Tag und bei Nacht. Dennoch können Sie einen hochtransparenten Stoff Ihrer Wahl blickdicht machen, indem Sie ihn entweder in viele Falten legen oder z. B. bei einem Rollo doppelt verarbeiten. Die Unterschiede sind beeindruckend. Auch mehrere glatte Bahnen, sofern Ihr Einrichtungsstil eher modern ist, zum übereinander Schieben bewirken einen Sichtschutz. Bei diesen Schiebegardinen wird dann eine Schiene mit zwei bis drei Läufen notwendig (siehe Seite 36). Oder Sie nähen, wie in der Zeichnung angedeutet, zwei Lagen vom gleichen Stoff in unterschiedlicher Farbe aufeinander. Die Schlaufen bilden eine Verbindung der beiden Stoffe.

Nicht unbedingt muss das ganze Fenster nur mit Stoff verhängt werden. Auch Pflanzen bieten einen Sichtschutz. Wer mag kann große Motive mit Window-Color malen und auf die Scheibe kleben. Je nach Jahreszeit kann so die Dekoration schnell und relativ kostengünstig gewechselt werden.

Sichtschutz aus zwei gleichgemusterten Stofflagen in verschiedenen Farben.

Tägliche Routine

Leider denken nicht alle Architekten und Handwerker an die geplagte Hausfrau, die abends noch einmal lüftet, also den Fenstergriff betätigt, dann die Heizung herunter dreht, um anschließend noch den Rollladen herunter zu lassen. Oft sind nicht all diese Anschlüsse auf einer Seite des Fensters und so wühlt man sich drei Mal täglich durch die Vorhänge. Ist dies bei Ihnen der Fall, so ist es einfacher, den Stoff etwas sparsamer zu dekorieren. Außerdem sollte auf keinen Fall die Heizung während der Heizperiode verhängt sein. Zähler täuschen einen höheren Verbrauch vor und Heizungen mit einem Thermostat stellen die Wärmezufuhr ab, bevor der Raum tatsächlich warm geworden ist.

Manchmal sind auch Antennen- und Telefonanschlüsse oder Steckdosen im Fensterbereich angebracht. Überlegen Sie sich, was durch den Vorhang verdeckt werden kann und was unbedingt zugänglich bleiben muss. Lassen Sie auch andere Gewohnheiten nicht außer Acht. Wenn Sie den Fliegen lieber keinen freien Eintritt gewähren möchten, ziehen Sie wahrscheinlich beim Lüften gerne ein Stück Vorhang vors Fenster. Bei einem Rollo ist dies meist nicht möglich, es sei denn, Sie haben Schieberollos.

Platzbedarf

Große breite Fensterfronten enden meist urplötzlich, ohne dass irgendwo genügend Platz vorhanden wäre, einen ebenso großen Vorhang mal einfach auf die Seite schieben zu können. Denn bei vier bis sechs Meter Fensterbreite kommt viel Stoff zusammen. Denken Sie auch daran, dass so viel Stoff beim Fenster putzen sehr hinderlich ist. Besser ist es, den oder die Vorhänge in kleinere Abschnitte zu unterteilen. Je nach Stil und Stoffart können so die Bahnen einzeln zusammen geschoben werden und bleiben dann in zwei bis mehreren Teilen mitten in der Fensterfront stehen. Das kann sehr edel aussehen. Montieren Sie erst eine Schiene oder Stange, so sollte Sie je nach Vorhangbreite 20 – 60 cm länger als die Fensterfront sein, denn schon drei laufende Meter dünne Storebahnen benötigen zusammen geschoben etwa 50 cm Platz. Ein Rollo sollte stets so weit oben angebracht werden, dass es ganz hoch gezogen nicht am Fenster streift, wenn dieses geöffnet oder geschlossen wird.

Grundlagen zur Pflege

Irgendwann müssen Sie Ihre Fensterdekoration auch einmal waschen. Mehrere kleinere Stoffstücke sind besser zu handhaben als ein großes. Auch ein relativ kleines Fenster mit 200 cm Breite ergibt bei Raumhöhe immerhin auch schon eine Bügelfläche von ca. 10 m². Eine normale Haushaltswaschmaschine sollte nicht mit mehr als ca. sechs bis acht laufende Meter

Vorhangstoff beladen werden, um Knitterfalten zu vermeiden. Waschen Sie Gardinenstoffe im Schonwaschgang und entfernen Sie zuvor alle Metallteile. Bevor Sie einen Stoff kaufen, den man ausschließlich chemisch reinigen kann, erkundigen Sie sich sicherheitshalber in Ihrer Textilreinigung nach dem ungefähren Preis.

Einkauf

Bevor Sie sich endgültig für einen Stoff entscheiden, sollten Sie eine kleine Probe mit nach Hause nehmen und die Farben oder das Muster noch einmal an vorhandene Farben und Muster halten. Lassen Sie den Gesamteindruck auf sich wirken.

Vielleicht testen Sie auch die Qualität des Sichtschutzes, die am Tage sicher anders ist als in der Nacht, wenn Licht im Raum brennt.

Gute Einrichtungshäuser geben Ihnen gerne ein Muster mit. Haben Sie diese Möglichkeit nicht, ist es ratsam, einfach ein kleines Stück von dem Stoff zu kaufen. Vielleicht können Sie das gekaufte Stück auch schon mal waschen. So sehen Sie gleich, ob die Ware dabei stark knittert oder einläuft. Wer dies alles beim Kauf des passenden Stoffes berücksichtigt, wird mehr und länger Freude an seiner Wahl haben.

Selbstverständlich sollten Sie bereits beim Einkauf den genauen Stoffbedarf kennen. Um ihn errechnen zu können, müssen Sie erst einmal das Fenster ausmessen.

Maßarbeiten

Fenster ausmessen

Als Grundregel gilt: Messen Sie lieber einmal zu viel als einmal zu wenig!

Ermitteln Sie die **Fensterbreite:** Für Rollos messen Sie dabei an mehreren Stellen. Bei einer Schienen- oder Stangen-Neuanschaffung überlegen Sie, wie weit ein Vorhang seitlich über die Fensterlaibung stehen soll, sonst messen Sie die nutzbare Stangen- oder Schienenbreite. Vergessen Sie nicht, die Retouren mit einzurechnen; das sind die Abschlussbogen rechts und links einer Schiene. Wenn Vorhänge im geschlossenen Zustand überlappen sollen (rechte und linke Schienenseite laufen nicht zusammen, sondern

bilden einen Übertritt), müssen Sie auch hierfür Stoff einplanen. Messen Sie die **Höhe** von der Schienen- oder Stangenunterkante zum Boden bzw. Fensterbrett. Beachten Sie dabei, dass viele Räume schräg sind (auch Neubauten), also messen Sie einmal rechts und links vom Fenster und bei breiteren Fenstern auch noch einmal in der Mitte.

Bringen Sie eine neue Schiene, Stange oder Seilspannvorrichtung an, so gilt als mittlere Norm eine Höhe von ca. 15 cm oberhalb des Fenstersturzes, oder falls weniger Platz vorhanden ist, etwa in der Mitte zwischen Fenstersturz und Decke.

Wenn Sie ein Rollo in die Fensterlaibung einpassen möchten, ist es notwendig, auch die Rechtwinkligkeit des Fensters zu überprüfen. Zumindest die beiden senkrech-

Die Bemaßung erfolgt in Zentimeter.

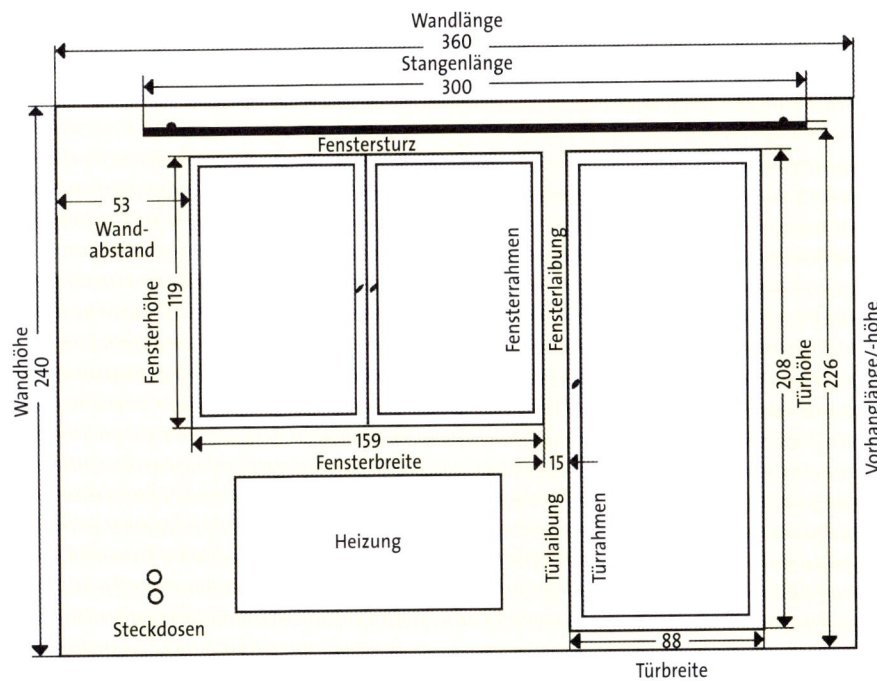

ten Begrenzungen sollten parallel verlaufen, damit das Rollo exakt gerade fallen kann. Die Mechanik muss mit der Wasserwaage aufgehängt werden. Notfalls helfen Unterlegscheiben. Bei stärker abweichenden Fenstern ist es ratsam, ein Rollo auf die Wand zu montieren und ringsherum mindestens 5 cm überstehen zu lassen.

Eine maßstabgerechte Zeichnung

Mit einer maßstabgerechten Zeichnung inklusive einer Bemaßung haben Sie jederzeit auch beim Stoffkauf oder zum Modellbau alles parat. Am besten beginnen Sie mit dem Ausmessen der Wand. Ermitteln Sie dann die einzelnen Abstände und legen Sie entsprechend die Zeichnung an. Zeichnen Sie eine maximal 5 m breite Fensterfront, so können Sie für ein DIN A4-Blatt den Maßstab 1:20 verwenden. Das heißt 1 cm in der Zeichnung sind in Wirklichkeit 20 cm. Das ist groß genug und einfach zu rechnen. Noch einfacher wird es mit der folgenden Tabelle:

Tabelle für Maßstab 1:20

Wirklichkeit	Zeichnung
10 cm	0,5 cm
20 cm	1,0 cm
30 cm	1,5 cm
40 cm	2,0 cm
50 cm	2,5 cm
60 cm	3,0 cm
70 cm	3,5 cm
80 cm	4,0 cm
90 cm	4,5 cm
100 cm	5,0 cm
110 cm	5,5 cm
120 cm	6,0 cm

Wirklichkeit	Zeichnung
10 cm	0,5 cm
130 cm	6,5 cm
140 cm	7,0 cm
150 cm	7,5 cm
160 cm	8,0 cm
170 cm	8,5 cm
180 cm	9,0 cm
190 cm	9,5 cm
200 cm	10,0 cm
210 cm	10,5 cm
220 cm	11,0 cm
230 cm	11,5 cm
240 cm	12,0 cm
250 cm	12,5 cm
260 cm	13,0 cm
270 cm	13,5 cm
280 cm	14,0 cm
290 cm	14,5 cm
300 cm	15,0 cm

Entwurf und Modellbau

Ganz toll ist es, wenn man sein Projekt nicht nur vor dem inneren Auge sieht, sondern auch noch etwas experimentieren kann. Nur, dafür einen richtigen Vorhang zu nehmen, wäre zu teuer und zu zeitaufwändig. Machen Sie doch einfach einen Modellentwurf. Dabei ist die maßstabgerechte Zeichnung sehr hilfreich. Legen Sie einfach eine durchsichtige Folie über die Zeichnung und malen Sie mit einem wasserfesten Filzstift Ihren Entwurf darauf. Für den nächsten Entwurf nehmen Sie dann eine neue Folie.

Einfache Modelle lassen sich aber auch mit einer Art Bilderrahmen, etwas Klebefilm oder Reißnägeln und preiswertem Futterstoff realisieren. Um einen Eindruck für Proportionen zu bekommen, sollte es ein maßstabgetreues Modell sein.

Dazu benötigen Sie lediglich ein paar Leisten, eventuell kleine Winkel aus dem Baumarkt, Nägel und Hammer oder einen Tacker. Ob Sie dabei die Leisten auf Gehrung sägen, das heißt im 45°-Winkel oder stumpf aufeinander treffen lassen, bleibt Ihnen überlassen. Vielleicht konstruieren Sie Ihr Modell auch so, dass es später noch als Bilderrahmen verwendet werden kann. Dann würde sich die genaue Arbeit und auch noch ein Anstrich ganz besonders lohnen.

Beim Modellbau eignet sich für größere Fenster der Maßstab 1:4. Das ist groß genug und einfach zu rechnen.

Tabelle für Maßstab 1:4

Wirklichkeit	Modell
10 cm	2,5 cm
20 cm	5,0 cm
30 cm	7,5 cm
40 cm	10,0 cm
50 cm	12,5 cm
100 cm	25,0 cm
150 cm	37,5 cm
200 cm	50,0 cm
250 cm	62,5 cm
300 cm	75,0 cm

Bei kleineren Fenstern eignet sich der Maßstab 1:2 hervorragend. Halbieren Sie dazu einfach die gemessenen Werte.

Tabelle für Maßstab 1:2

Wirklichkeit	Modell
10 cm	5,0 cm
20 cm	10,0 cm
30 cm	15,0 cm
40 cm	20,0 cm
50 cm	25,0 cm
100 cm	50,0 cm

Auswahl der Aufhängeart für Vorhänge

Wollen Sie ohne ein maßstabgetreues Modell experimentieren, genügt auch ein einfacher alter Bilderrahmen, an dem Sie den Stoffrest mit Klebeband befestigen.

Stangen können Sie mit zwei Ringschrauben und einem stabilen Faden imitieren. Knoten Sie den Faden an einer Ringschraube an, fädeln Sie den Stoff auf und verknoten Sie anschließend den Faden an der anderen Ringschraube.

Für Rollos können Sie alte vierlöcherige Hemdenknöpfe verwenden, statt Ringe oder Bänder aufzunähen. Nähen Sie die Knöpfe über drei Löcher an. Durch das vierte Loch fädeln Sie anschließend einen reißfesten Nähfaden als Zugschnur. Anstelle der Knöpfe kann man natürlich auch den Nähfaden direkt an den festgelegten Stellen einziehen. Das Hochziehen und Herunterlassen geht dann allerdings etwas schwerer. Der Fall des Stoffes wird sehr realistisch, wenn Sie immer ganz dünne und weiche Stoffe verwenden.

Das anfängliche Abstehen des Stoffes beheben Sie mit einer auf Sprühnebel eingestellten Blumenspritze: Das drapierte Modell ansprühen, den Stoff passend in Form zupfen und das Ganze trocknen lassen.

Stange, Schiene oder Seil?

Letztendlich ist diese Frage Geschmacksache und auch von den jeweiligen Gegebenheiten im Raum abhängig. Von allen drei Möglichkeiten gibt es unzählige Varianten. Es würde den Rahmen dieses Buches sprengen, sie alle aufzuzählen.

Auch für Problemfenster gibt es Lösungen. Genannt sollen hier vor allem in Form gebogene Stangen und Schienen (Raumkurven oder beginnende Schrägen) sein, Eckverbindungen (sowohl Außen- als auch Innenecken), Rollladenkastenüberbauungen (z. B. von *Rosso*) und vieles mehr.

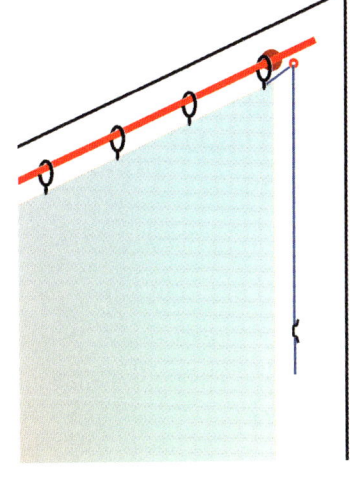

Bei einer Dachschräge kann man den Vorhang mit Hilfe einer Schnur in gewünschter Position halten.

TIPP

Keine Angst vor Dachschrägen! Wenn Sie eine Ringschraube und eine Krampe zusätzlich anbringen, können Sie jede Stange oder Schiene auch im schrägen Verlauf montieren (siehe Zeichnung). Der Vorhang wird dann einfach mit einer Kordel befestigt, die gleichzeitig als Zugschnur dient.

Bei kleineren Fenstern in beengten Verhältnissen können auch schwenkbare Stangen sehr nützlich sein. Bei Bedarf werden die Stangen einfach zur Seite geklappt (z. B. von *MHZ* oder *Rosso*).

Häkchen und Ringe

Häkchen aller Arten sind immer abhängig von dem verwendeten System. Die soliden Kunststoffschienen mit Holzkern haben meist stabile Kunststoffrollen. Grazile Metallschienen brauchen feinere Häkchen, die es auch zum Hinaufklippsen gibt. Das heißt, man braucht die einzelnen Häkchen nicht mehr mühsam irgendwo hinter dem Schrank einzeln in ein kleines Loch zu fädeln, sondern klippst sie einfach da, wo es bequem ist, in die Schiene ein.

Häkchen für Kunststoff- und Metallschienen.

Geschlossene Ringe werden mit Überstülphaken eingehängt; das sind Kunststoffteile, die das Gardinenband mit den Ringen verbinden. Oft sind Metallringe auch mit Gleiteinlagen versehen, um die Geräuschbelästigung beim Öffnen oder Schließen der Vorhänge erheblich zu mindern. Es gibt auch offene Konstruktionen, die man direkt in das Band einhakt und somit ohne Demontage der Stange auch wieder entfernt.
Viele Schmuckringe oder Haken in unterschiedlichsten Formen erweitern das Programm. Diese sind meist auch für Seilsysteme geeignet.

Seilsysteme haben manchmal eigene Häkchen, die man entweder in ein Band einhakt oder an denen man den Vorhangstoff (dann meist ohne Gardinenband) mit Klemmen befestigt.

Für jede Aufhängeart gilt eine Regel, um ein Durchhängen der oberen Vorhangkante zu vermeiden: Alle 5 – 8 cm fertig geraffte Stoffkante wird ein Häkchen befestigt. Dies bedeutet, dass pro laufender Meter Stange, Schiene oder Seil 13 – 20 Häkchen gebraucht werden.

Zum Abnehmen der Vorhänge werden Sie wie normale Häkchen aus dem dafür vorgesehenen Loch gezogen. In diesem Zusammenhang taucht auch oft der Begriff Alugleiter oder Klickgleiter auf.

Stangen haben meist Ringe aus unterschiedlichsten Materialien. Holz, Plexiglas, Messing, Silber oder feiner Edelstahl, fast jedes Jahr gibt es neue Varianten.

Die attraktive Dekorspirale wird ohne Gardinenband einfach am Stoff festgesteckt.

Da Plastikhäkchen mit der Zeit spröde und unansehnlich werden, ist es sicher kein Fehler, sie bei einem neuen Vorhang ebenfalls auszutauschen. Bei dieser Gelegenheit können Sie auch Ausschau nach neueren Systemen halten, die ebenso gut in Ihrer Schiene gleiten, aber besser zu handhaben sind.

Eckverbindungen, Endstücke und Zwischenträger für Stangen, Ringe in vielen Varianten für Stange oder Seil.

Stahlseil mit offenen Haken und Klippsen.

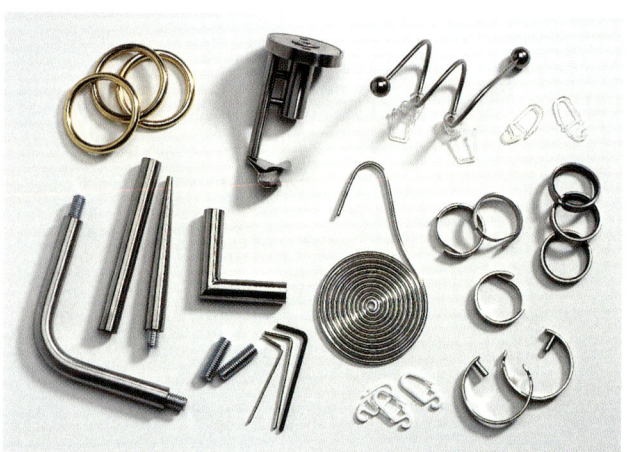

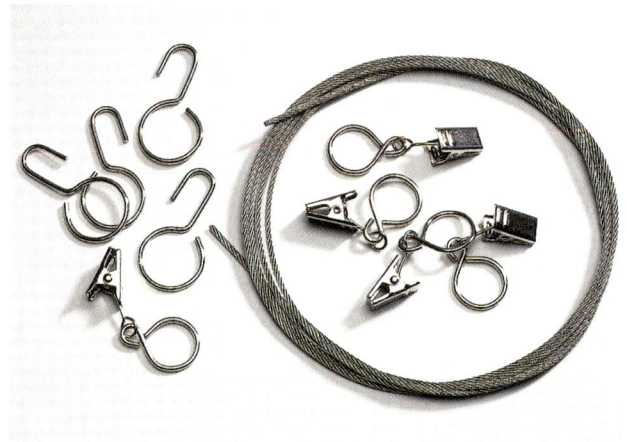

Ösen

Ösen sind eine weitere Möglichkeit, um Vorhänge an die Stange oder das Seil zu bringen. Das Arbeiten mit Ösen erfordert aber etwas mehr Zeit.

Kleinere Ösen (z. B. von *Prym*) werden fest vernietet und sind in jedem Stoffgeschäft erhältlich. Gehen Sie zum Einarbeiten nach Packungsanweisung vor. Raumausstatter haben meist auch Größen von 18 oder 38 mm Durchmesser vorrätig, diese sind dann zum Zuklippsen und lassen sich bei Bedarf wieder öffnen. Zum Einarbeiten sollten Sie ein Stanzeisen haben. Der Fachhandel hat ein spezielles, das mit Hitze gleich die Stoffränder verschweißt, so dass der Stoff nicht ausfransen kann. Wer ohne diese Hilfsmittel Ösen einarbeiten möchte, hat zwei Methoden zur Wahl:

1. Im Handel gibt es Bänder in unterschiedlichen Farben, bei denen die Löcher schon eingestanzt sind. Die Unterkante dieser Bänder ist so gearbeitet, dass man nur die Oberkante des Vorhangstoffes zwischen die doppelt gearbeitete Unterkante des Bandes legt und fest steppt. Anschließend werden die dazu passenden Ösen nur noch eingeklippst.

2. Man kann aber auch selbst Ösen in die Oberkante des Stoffes einarbeiten; dies ist zwar etwas aufwändiger, aber dafür farblich immer passend. Verwenden Sie dazu aufbügelbares Steifleinen. Die genaue Anleitung dafür finden Sie auf Seite 29/30.

Wer lieber auf Häkchen oder dergleichen verzichten möchte, kann auch eine Stange einfach mit dem Vorhangstoff umwickeln oder die Oberkante des Vorhangs mit Donauklammern befestigen. Dies sind eine Art von Wäscheklammern, die um die Stange passen. Meist sind daran noch hübsche Schmuckteile, wie Sonne, Sterne oder andere Motive angebracht.

Vorhang mit einfachem Kräuselband für jede beliebige Breite.

Bänder

Bei Bändern gibt es fast so viel Auswahl wie bei Häkchen. Die Breiten liegen meist zwischen 2 und 8 cm. Sehr dekorative Bänder, wie besondere Smokbänder, können auch über 10 cm breit sein. Sie sind für einfarbige oder wenig gemusterte Stoffe in leichter bis mittelschwerer Qualität geeignet. Generell hängt die Auswahl des Gardinenbandes von der Stoffart und der gewünschten Wirkung ab. Gardinen, die nur bis zum Fensterbrett reichen, sollten

Vorhang mit Bleistiftfaltenband für gleichmäßige Falten.   *Vorhang mit Faltenband für Faltengruppen.*

eher mit schmalen Bändern bedacht werden. Die meisten Bänder sind in gebrochenem Weiß, manchmal in Standardfarben und in Transparent erhältlich. Außerdem gibt es viele davon auch als Klettband mit Flauschrücken, das heißt, man kann das Band dann direkt an ein Klettband mit Widerhäkchen heften. Diese Verarbeitungstechnik ist für Rollos und Querbehänge geeignet.

Kräuselband
Das Kräuselband ist das einfachste unter den Bändern, weil kostengünstig und am schnellsten aufzunähen. Es ist meist zwischen 2 und 3 cm breit und der Stoff lässt sich auf jede beliebige Weite einreihen.

In der Regel wird je nach Stoffmuster die 1,5- bis 3-fache Stoffbreite verwendet. Das Band wirkt eher leger. Es ist für fast alle Stoffarten geeignet. Nur schwere Stoffe sollten ein etwas breiteres Band erhalten. Zum Einsatz kommt dieses Band auch an Vorhängen, deren Oberkante von Querbehängen oder Schabracken verdeckt werden.

Bleistiftfaltenband
Dieses Band ist zur Zeit groß in Mode. Es wird in unterschiedlichen Breiten geliefert, meist zwischen 5 und 8 cm. Der Stoff wird in der gesamten Bandbreite in schöne gleichmäßige Falten gelegt. Die Wirkung würde ich als modisch elegant bezeichnen. Die Stoffbrei-

te kann je nach Herstellerangaben 2- bis 2,5-fach oder 3-fach sein. Mehr Stoff als angegeben lässt sich schlecht raffen, etwas weniger Stoff zu verwenden ist hingegen schon möglich. In diesem Fall schiebt man die Falten eben nicht ganz zu oder rafft vorsichtig nur jede zweite Falte.

Faltenband
Der Begriff Faltenband bezeichnet Bänder, bei denen unterschiedliche Faltengruppen mit glatten Abschnitten abwechseln. Die Faltengruppen können aus zwei bis sieben Falten bestehen, in der Regel sind es jedoch drei. Der Stoffbedarf richtet sich wieder nach den Herstellerangaben und liegt

Vorhang mit Smokband für gefächerte Falten.

oder Kelchfalten, man muss nur etwas länger suchen, um sie ausfindig zu machen.

Wer spezielle Effekte bevorzugt, ist sicher bei größeren Raumausstattern oder Einrichtungshäusern gut aufgehoben. Ansonsten heißt es: Selbst herstellen! Am besten mit Steifleinen. Dies ist ein Band, das sehr fester Vlieseline ähnelt. Im Gegensatz zu Vlieseline ist es aber gewebt. Man bekommt das Band entweder transparent oder weiß. Es gibt Steifleinen (auch Steifcretonne) zum Aufbügeln in Breiten zwischen 7,5 und 10 cm. Das breitere kann man der Länge nach halbieren, so dass zwei Bänder à 5 cm Breite entstehen. Diese Möglichkeit hat man jedoch nur beim weißen Material, da dies nicht franst. Steifleinen hat keinerlei Ziehfäden oder Taschen, um Häkchen einzuhängen. Dies hat den Vorteil, dass man die Oberkante wirklich frei gestalten kann und der Vorhang trotzdem einen korrekten Fall bekommt. Besondere Effekte erzielt man bei breiter gestreiften Stoffen: So lässt sich jeweils die selbe Streifenpartie stärker hervorheben.

meist zwischen 2- und 3-facher Breite. Die Bandbreite variiert zwischen 26 und 50 mm. Die Wirkung dieser Bänder würde ich als vornehm elegant interpretieren.

Weitere Bänder
Weniger gebräuchlich sind Smokbänder, Wabenbänder oder Faltenbänder, die gefächerte Falten bilden. Es gibt auch Bänder für Pokal-

Kräuselband, Faltenband (4erFalte), Bleistiftfaltenband, Rautenband.

Transparentes Steifband zum Aufbügeln, normales Steifband.

Auswahl der Aufhängeart für Rollos und Querbehänge

Allgemein

Wenn Sie eine Rollodekoration planen, bedenken Sie, dass in der Regel mehrere schmalere Rollos nebeneinander interessanter aussehen als ein breites. Dies gilt besonders für großflächige Fenster. Zum Anbringen von Rollos braucht man entweder spezielle Rollo-Mechaniken oder einfache Holzleisten. Auch für Querbehänge genügen einfache Holzleisten, da sie ja nicht bewegt werden. Die Leisten können in Wand- oder Deckenfarbe lackiert werden. Nicht zu empfehlen ist das Beziehen mit Stoff, da man den festgetackerten Stoff nur mit Mühe zum Waschen abnehmen kann.

Auf der vorgefertigten Mechanik ist immer ein Klettband angebracht. Auch auf Ihrer lackierten Leiste befestigen Sie ein selbstklebendes Klettband. Tackern Sie es zur Sicherheit an den Enden und

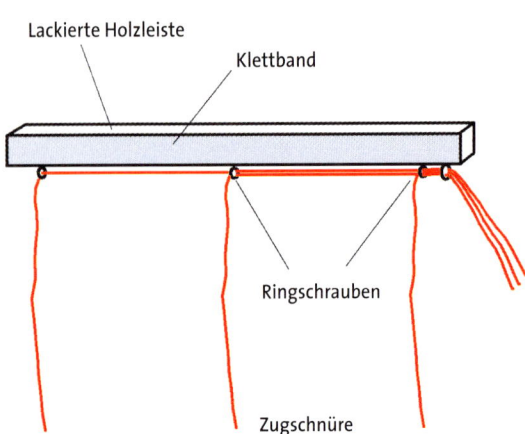

Auf die Rolloleiste wird Klettband mit Widerhäkchen angebracht.

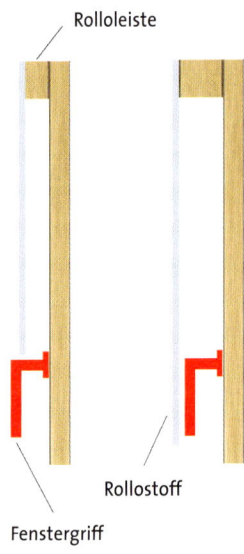

Eine tiefe Rolloleiste bewirkt, dass das Rollo über den Fenstergriff gleitet.

Das Rollo bedeckt nur die Fensterscheibe und gleitet somit am Griff vorbei.

in der Mitte einmal fest. Die Leiste oder Mechanik bringen Sie an Decke, Wand oder direkt auf dem Fensterrahmen an.

Anbringung

Beim Anbringen des Rollos direkt auf dem Fenster gibt es häufig mit dem Fenstergriff Probleme. Wenn die Leiste nicht genügend tief ist, kann das Rollo nicht ganz herunter gelassen werden, da es auf dem Griff hängen bleibt. Wollen Sie weder das Rollo halb oben lassen, noch die Leiste dicker wählen, so sollte das Rollo nur so breit sein, dass es die Scheibe gut verdeckt und somit am Griff vorbeigleiten kann.

Fast noch wichtiger ist es aber, dass sich das Fenster trotz der Leiste noch ganz öffnen lässt.

Testen Sie dies vor der Anbringung der Leiste oder der gekauften Rollomechanik.

Die Anbringung eines Falt- oder Raffrollos direkt unterhalb des Fenstersturzes ist selten möglich, da ein hochgezogenes, mittelstarkes Faltrollo etwa 10% seiner herunter gelassenen Länge einnimmt. Dies ist natürlich auch noch abhängig von der Gestaltung des unteren Abschlusses. Bei Wolken- oder Raffrollos beträgt die Pakethöhe ca. 20% der Gesamtlänge. Von einem 1,5 m hohen Fenster ausgehend sind dies immerhin schon 15 cm bei einem einfachen Faltrollo und etwa 30 cm bei einem Raffrollo. Zum problemlosen Öffnen des Fensters sollten Sie lieber noch ein paar Zentimeter mehr Platz lassen.

Mechanik

Rollomechaniken sind entweder mit Schnurzug oder mit Kettenzug zu bekommen. Beim Hochziehen des Rollos werden die Zugschnüre automatisch auf Rollen gewickelt. Kettenzug-Rollos haben dabei den Vorteil, besonders leicht bedienbar zu sein. Sie bleiben in jeder beliebigen Höhe ohne Arretierung stehen. Bei selbst gefertigten Leisten brauchen Sie zusätzlich sogenannte Krampen, um die Sie dann die Zugschnur wickeln, um das Rollo in gewünschter Höhe zu halten. Bei einigen gekauften Mechaniken besteht die Möglichkeit, sie in eine Vorhangschiene einzuhängen und bei Bedarf zu verschieben (siehe Seite 46). Ein Anbringen direkt auf dem Fenster ist bei manchen Modellen ohne Bohrlöcher möglich (z. B. von *Döfix*).

Die Befestigung des Rollostoffes auf der Mechanik erfolgt an der Oberkante mittels Flausch- oder Veloursband. Für Wolken- oder Raffrollos gibt es auch Kräusel- und Faltenbänder, die eine Flausch-rückseite haben.

Bänder

Die Führung in der senkrechten Linie übernehmen spezielle Rollobänder durch die man eine Zugschnur fädeln kann; bei einfachen Bändern kann man hierzu auch Ringe aufnähen. Rollobänder gibt es mit verschiedenen Schlaufenabständen. Je nach Abstand werden die Falten dann unterschiedlich tief. Sehr enge Abstände (unter 10 cm) können durch Auslassen einzelner Schlaufen vergrößert werden. Beachten Sie also

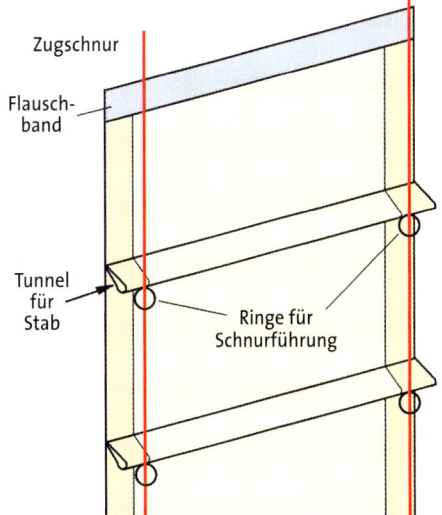

Ein Faltrollo hat je nach Breite zwei oder mehrere Längsreihen mit Ringen, durch die man die Zugschnüre führt.

Zugschnur

Flausch-band

Tunnel für Stab

Ringe für Schnurführung

beim Kauf, dass auch die Bänder einen sogenannten Rapport haben. Pro Anzahl der benötigten Bänder also immer ganze Rapporte kaufen. Auch die Zugabe für den Einschlag an den Enden sollten Sie nicht vergessen.

Außerdem gibt es Bänder, ähnlich den Faltenbändern von Vorhängen, die das Rollo in horizontale Querfaltengruppen legen. Zum Raffen

in Längsrichtung (für Wolken- oder Raffrollos) kann man ähnlich einem Kräuselband auch schmale Bänder für Rollos erhalten.

Ganz akkurat gefaltete Rollos erhält man indem man Quertunnels in den Stoff näht und dort dann Holz- oder Alustäbe einführt. Möglich sind auch farblich passende oder kontrastfarbene Stoffstreifen, die dann auf die Vorderseite des Faltrollos aufgenäht werden. Im Handel werden transparente Bänder für die Rollorückseite angeboten, in die von oben Stäbe eingeschoben werden können. Sie haben alle paar Zentimeter eine Öffnung dafür. So entfällt das seitliche Herausrutschen der Stäbe. Der Abstand der Stäbe zueinander sollte etwa 20 bis 30 cm betragen. Auf die Rückseite der Tunnels werden rechts und links Ringe genäht, durch die danach Zugschnüre gezogen werden. Sind die Stäbe jedoch breiter als ca. 80 cm, der Stoff sehr zart oder der Fallstab schwer, so werden in der Mitte der Leistentunnels zusätzliche Reihen an Ringen angenäht.

Kräuselband mit Flauschrücken, Klettband, Schlaufenband mit engen Abständen, Band für Querstäbe, Flauschband, Schlaufenband.

Stoffverbrauch

Sie brauchen ...

... auf jeden Fall Ihre maßstabgetreue Zeichnung. Anhand dieser Zeichnung und der folgenden Tabelle können Sie den Stoffverbrauch genauestens ermitteln.

Ein Rapport

Sie haben Ihren Stoff gefunden, alle Maße ermittelt und sind sich über die Aufhängeart im Klaren, doch Ihr Stoff ist nicht einfarbig, sondern hat ein immer wiederkehrendes Muster, den sogenannten Rapport. In vielen Fällen benötigen Sie dann entsprechend mehr Stoff.

Wie in der Zeichnung ersichtlich, müssen Sie den Stoff immer in gleicher Musterhöhe abschneiden. Dabei schneiden Sie immer die gemessene Rapporthöhe multipliziert mit einer ganzen Zahl ab. Also wenn zum Beispiel der Rapport 60 cm misst, so schneiden Sie immer entweder 60 cm (= 1 x 60 cm), 120 cm (= 2 x 60 cm), 180 cm (= 3 x 60 cm), 240 cm (= 4 x 60 cm) vom Stoff ab. So beginnt jede Stoffbahn automatisch mit dem selben Musterrapport. Was von der ermittelten Zuschnittlänge übrigbleibt, schneiden Sie vor dem Säumen unten von jeder Bahn einzeln ab. Folgen Sie nicht

dem Rat mancher Stoffverkäufer, einfach pro Bahn die Gesamtlänge plus einmal den Rapport zu kaufen. Denn gehen Sie zum Beispiel davon aus, dass Sie für eine Stoffbahn eine Zuschnittlänge von 230 cm brauchen. Nun rechnen Sie noch einmal den Rapport (Beispiel 60 cm) hinzu. So müssten Sie also 290 cm Stoff kaufen, obwohl Sie laut Rapportgliederung oben nur maximal 240 cm brauchen. Bei mehreren Bahnen summiert sich das ganz schön.

1 Stoffbahn mit Rapport = Vorhanglänge plus oberer und unterer Saum plus Stoff bis zum Rapportende.

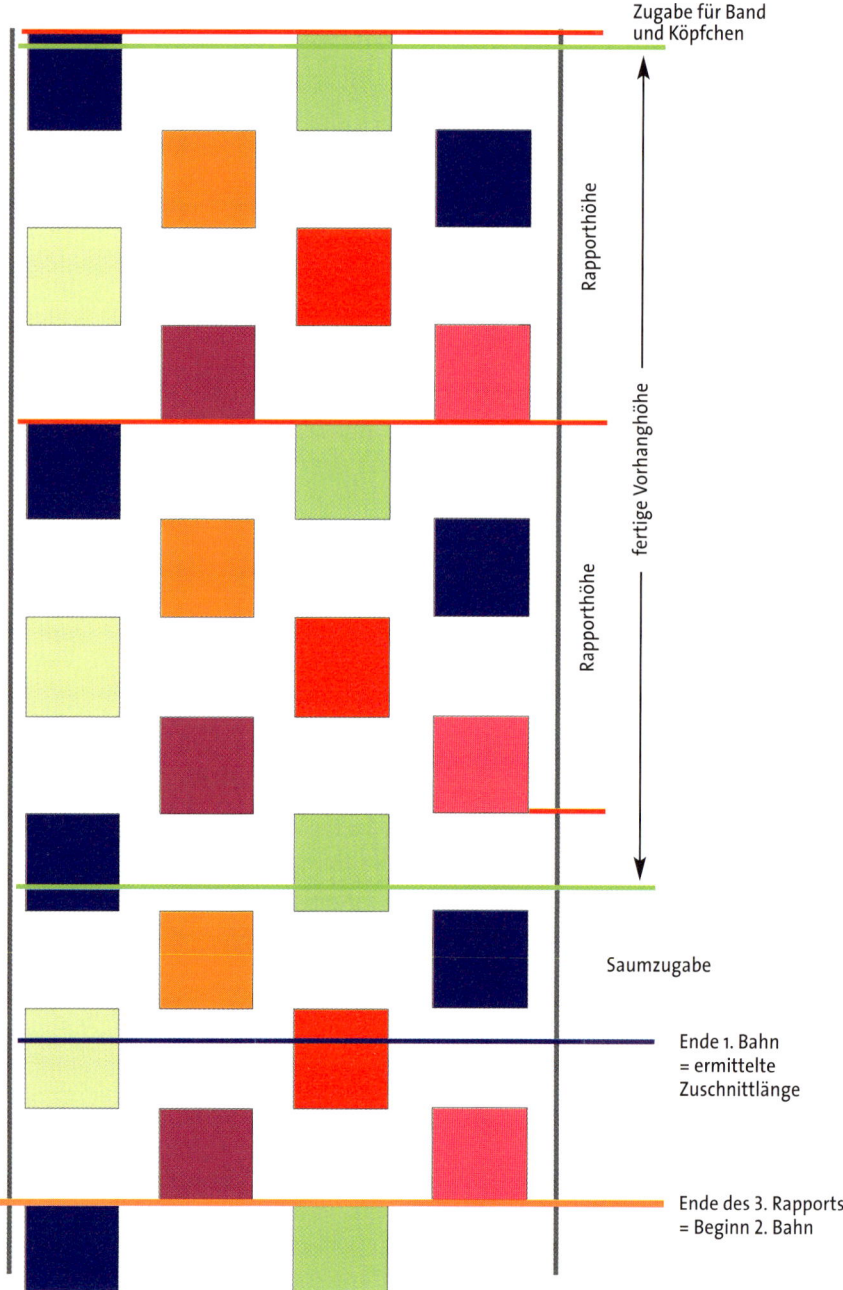

Zugabe für Band und Köpfchen

Rapporthöhe

fertige Vorhanghöhe

Rapporthöhe

Saumzugabe

Ende 1. Bahn = ermittelte Zuschnittlänge

Ende des 3. Rapports = Beginn 2. Bahn

Beispiele zum Errechnen des Stoffverbrauchs

Ihre Fensterfront ist 340 cm breit; der Vorhang soll 260 cm hoch werden (incl. Säume). Sie möchten zwei Vorhänge, die Sie abends zuziehen können.

Erstes Beispiel:

Sie haben einen Stoff ausgesucht, der in Bahnen an das Fenster kommt. Die Stoffbreite kann zwischen 90 cm und 180 cm betragen, bei Dekostoffen in der Regel eher 140 bis 150 cm. Unser Stoff soll 140 cm breit sein. Der Rapport ist 100 cm. 260 cm geteilt durch 100 cm sind 2,6. So müssen Sie drei Rapporthöhen pro Stoffbahn kaufen.

TIPP

Ist der Stoff sehr kostbar und fehlen nur wenige Zentimeter vom angefangenen Rapport, wäre zu überlegen, ob Schlaufen als Aufhängeart in Frage kommen. Die fehlende Länge würde dann durch einen Garniturstoff ersetzt werden. Auch eine andersfarbige Einfassung sozusagen als Rahmen wäre denkbar.

Da die Fensterfront 340 cm breit ist und der angenommene Stoff nur 140 cm breit liegt, brauchen Sie mehrere Bahnen davon. Bei einer 2-fachen Raffung (z. B. Bleistiftfaltenband 1:2) benötigen Sie also etwa 680 cm Stoffbreite. 680 cm geteilt durch 140 cm sind 4,8 Bahnen. Da die Säume bei diesem

Beispiel nicht berücksichtigt wurden, sind 5 Bahnen genau richtig. So genau kommt es in der Breite auch nicht darauf an. Fehlt am Ende doch etwas in der Breite, zieht man die äußersten Falten einfach nicht so fest an.

Summa summarum:
Sie brauchen 5 Bahnen je 3 Rapporte: 5 mal 3 mal 100 cm = 1500 cm (15 m) Stoff.

Zweites Beispiel:

Das selbe Fenster möchten Sie mit Stoff vom laufenden Meter (Stoffbreite ist gleich Vorhanghöhe) ausstatten. Der Stoff liegt 270 bis 300 cm breit. Das reicht für den Zuschnitt von 260 cm völlig aus. Sie brauchen also nur noch die benötigte Breite beim Stoffkauf angeben.

Summa summarum:
Bei 2-facher Raffung benötigen Sie 2 mal 340 cm, also 680 cm (6,80 m) Stoff.

Bei unterschiedlich hohen Fenstern und einem gut sichtbaren Rapport in der Höhe, achten Sie darauf, dass Sie immer oben gleich hoch, also möglichst an einer Webkante anfangen zu messen. Bei einem eingewebten Bleiband muss dieses dann abgeschnitten werden. Ansonsten wird bei einem eingewebten Bleiband stets von unten aus die Höhe abgemessen.
Bei Rapporten, die in der Fensterbreite zum Tragen kommen, achten Sie nur darauf, dass beim Aufteilen des Stoffes in einzelne Vorhänge, die Stücke wieder fortlaufend aufgehängt werden. Die schmal gesäumten Seitenkanten zwischen den einzelnen Stücken können bei gerafften Vorhängen

vernachlässigt werden. Bei glatt hängenden Bahnen oder Rollos sollten Sie schon darauf achten, wie das Muster wirkt, wenn man es durchschneidet. Teilen Sie den Stoff für die rechte und linke Fensterhälfte gleichmäßig auf.

Futter

In der Regel werden Gardinen nicht gefüttert. Edle Stoffe, zum Beispiel Seide, sehen jedoch noch edler aus, wenn sie abgefüttert werden. Außerdem wird die empfindliche Seide vor intensiver Sonneneinstrahlung geschützt. Kaufen Sie dazu einen farblich abgestimmten Stoff. Oft verwendet man dazu Baumwollsatin.
Rollos werden manchmal zum Verdunkeln abgefüttert. Dazu verwendet man speziell beschichtete Ware.
Ein anderer Grund, einen Vorhang zu füttern, wäre gegeben, wenn beide Seiten sichtbar sind. Dies ist zum Beispiel bei einem Durchgang der Fall, oder wenn Sie die Gardinen dekorativ zurückschlagen möchten. In diesem Falle können Sie auch eine Kontrastfarbe zum Füttern verwenden. Viele Stoffhersteller bieten auch Kollektionen mit unterschiedlichen Dessins der selben Stoffart zum Kombinieren an.
Eine Futterstoffbahn sollte die selbe Breite haben wie der Vorhangstoff. Die Nähte zusammengesetzter Bahnen sollten immer aufeinander liegen. Die linken Stoffseiten von Futter- und Vorhangstoff berühren sich dabei. Arbeiten Sie mit unterschiedlichen Stoffen, so sollten Sie das Futter nur lose am Vorhang befestigen, denn beim Waschen

könnten die Stoffe unterschiedlich einlaufen. Das Futter braucht an der Oberkante keine extra Zugabe (siehe Zeichnung rechts). Der Futtersaum ist ebenfalls 2 bis 3 cm kürzer als der eigentliche Vorhang, wird aber sonst gleich behandelt.

Arbeiten Sie wie bei einem ungefütterten Vorhang jeweils zuerst die Seitennähte von Futter und Oberstoff. Das Futter soll fertig gesäumt ringsherum 2 bis 3 cm kleiner sein als der fertige Oberstoff.

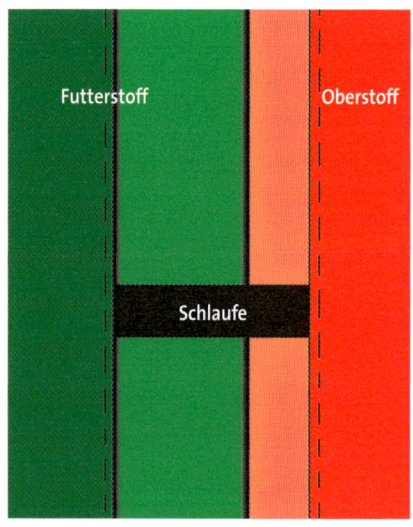

Das Futter ist durch Schlaufen mit dem Oberstoff lose verbunden.

Rückseite eines gefütterten Vorhangs.

Beim Oberstoff können Sie gleich beim Absteppen der Seitennaht etwa alle 50 cm einen Stoffstreifen mitfassen (siehe Zeichnung). Am Futter befestigen Sie das andere Ende des Streifens nach dem Aufhängen des Vorhanges von

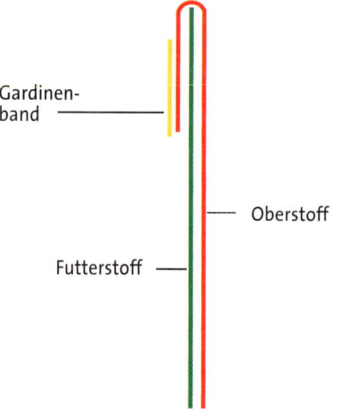

Querschnitt der Oberseite mit aufgenähtem Gardinenband.

Hand. Achten Sie dabei darauf, dass das Bändchen einen Spielraum von ca. 1 cm behält.

Eine andere Variante des Fütterns besteht darin, dass Sie zwei völlig identische Vorhänge nähen. Beide haben ein eigenes Gardinenband. Dies ist besonders dann sinnvoll, wenn Sie verschiedenfarbige Stoffe verwenden, bei denen Sie nicht sicher sind, ob sie vielleicht beim Waschen abfärben. Verbunden werden die Bahnen lediglich beim Aufhängen miteinander. Fassen Sie dazu mit den Gardinenhäkchen zuerst den Oberstoff, dann den Futterstoff. Die offenstehenden Seiten können Sie mit Druckknöpfen, Schleifchen oder Klettband verbinden.

KAPITEL 2

Nähanleitungen

Vorbereitungen

Da manche Stoffe beim Waschen eingehen können, ist es ratsam, Baumwollstoffe vor dem Nähen zu waschen oder heiß zu dämpfen. Chemiefasern sind in der Beziehung unempfindlicher. Ungleichmäßige oder sich ziehende Webkanten sollten zwar abgeschnitten werden, doch noch nicht vor dem Zuschnitt. Auf vielen Webkanten befinden sich wichtige Informationen. Oft ist die Pflegeanleitung darauf. Außerdem kann man leichter erkennen, welches die rechte Stoffseite ist und manchmal befinden sich Pfeile darauf, die anzeigen, wo oben und unten ist. Meist zeigen die Pfeilspitzen nach oben.
Bei großen Stoffmengen ist es ratsam, den Zuschnitt auf den Boden zu verlegen. Eine Fläche von mindestens 160 x 300 cm ist ideal. Wer auf so großer Fläche noch Fliesen oder Parkettboden hat, kann den Stoff entlang der Fugen zum rechtwinkligen Abschneiden gerade an eine Kante legen.
Legen Sie sich alles bereit: Maßbänder, Schere und Stecknadeln. Zum Nähen brauchen Sie eine Nähmaschine mit einer möglichst neuen Nadel, die eine glatte Spitze hat. Dies gilt insbesondere für sehr feine Gardinenstoffe.
Bei einer Nadel mit rauer Spitze kann es vorkommen, dass ein Gewebefaden beim Nähen heraus gezogen oder gar zerrissen wird.

Die Stichlänge stellen Sie auf 3 bzw. 3,5 mm ein. Ein doppelter Stofftransport ist besonders bei feinen Stoffen von Vorteil. Auch beim mustergenauen Zusammennähen von Stoffbahnen ist er sehr hilfreich.

Zuschnitt

Legen Sie den Stoff wie oben beschrieben glatt aus. Achten Sie auf eventuelle Fehler und messen Sie die Rapporthöhe noch einmal nach.
Schneiden Sie nun die Schnittkante exakt fadengerade. Stellen Sie

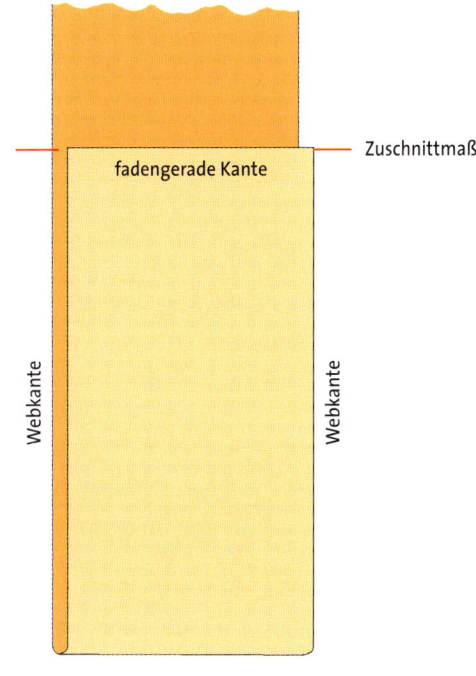

Webkante auf Webkante, so kann man eine Stoffbahn fadengerade zuschneiden.

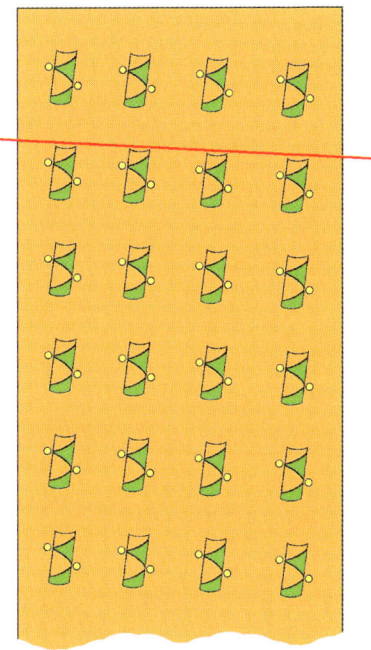

dabei fest, dass das Muster nicht fadengerade läuft, dies kommt vor allem bei bedruckten Stoffen vor, gehen Sie lieber einen Kompromiss ein. Bei ganz markanten Mustern sollten Sie sogar lieber entlang eines Musterrapports schneiden (siehe Zeichnung). Am besten sollten Sie den Stoff aber umtauschen. Bei extremen Schieflagen besteht nämlich die Gefahr, dass der Vorhang später schief hängt und auch längeres Aushängen keine Abhilfe schafft.

Das Rapportmuster weicht von der fadengeraden Schnittkante ab.

Ist die Schnittkante fadengerade, können Sie den Stoff zum Abschneiden der Bahn dem Zuschnittmaß entsprechend, zur Hälfte zusammenlegen (siehe Zeichnung auf Seite 21); die Webkanten liegen dabei bündig. Nun können Sie parallel der bereits korrekt abgeschnittenen Kante erneut schneiden. Bei sehr klaren Rapportbegrenzungen, die fadengerade laufen (z. B. Karos), schneiden Sie einfach immer in der gleichen Musterlinie.

Die Schnittlänge ergibt sich aus der fertigen Vorhanglänge (gemessene Höhe abzüglich einer Bodenfreiheit von ca. 1,5 cm bei bodenlangen Vorhängen) plus den Zugaben für Ober- und Unter-kante (siehe unter »Schritt für Schritt ...« auf Seite 24 bis 26). Schneiden Sie so alle Bahnen zu. Bei quer laufenden Stoffen (Stoffbreite ist gleich Vorhanghöhe) verfahren Sie ebenso.

Haben Sie einen Stoff mit eingearbeitetem Bleiband, messen Sie bei gleicher oder ähnlicher Vorhanghöhe die Länge von unten ab. Die Zugabe für den Saum entfällt, die Zugabe für die Oberkante bleibt gleich wie bei einem Vorhang mit Saum. Bei unterschiedlich hohen Gardinen mit auffälligem Rapport in der Höhe sollten Sie von oben messen und dann auf das eingewebte Bleiband verzichten. Beachten Sie dann wiederum die Zugabe für den Saum.

Schritt für Schritt ...

Hinweis zu den folgenden Anleitungen

Um Ihren Vorhang oder Ihr Rollo korrekt nacharbeiten zu können, sollten Sie bei allen Anleitungen Folgendes vorher berücksichtigen:

Vor dem Nacharbeiten des Modells erledigen	Dabei beachten	Siehe Seite
Fenster ausmessen	ungleiche Höhen zwischen rechter und linker Seite	9 – 11
	Winkelgenauigkeit bei in der Laibung angebrachten Rollos	
Stange, Schiene oder andere Befestigung montieren	Siehe »Auswahl der Aufhängeart für Vorhänge« oder »... für Rollos und Querbehänge«	11 – 17
Stoffbedarf ermitteln	Rapport, Bahnen oder laufende Meter, Retouren und Übertritte messen	18 – 19
	Wichtig für die Schnittbreite: Rafffaktor Ihres Bandes berücksichtigen	13 – 15
	Schnittlänge errechnen	21 – 22

Nicht in allen Anleitungen ist jedes Detail beschrieben, lesen Sie deshalb alles, was Sie zusätzlich beachten sollten (über die Vorbereitung des Stoffs, das Nähen der Seiten, der Oberkante und des Saums etc.) im Kapitel: »Schritt für Schritt einen einfachen Vorhang nähen« ab Seite 23.

... einen einfachen Vorhang nähen

So zart und leicht, wie ein Schmetterling, kann ein Vorhang wirken. Zum Dekorieren wurde hier eine Stelle im vorderen Saumbereich zur Seite drapiert.

SIE BRAUCHEN

- *Vorhangstoff (z. B. von Nya Nordiska; Stoff: Tonno, transparent; Farbe: Pistachio) entsprechend Ihren Fenstermaßen (siehe unter »Maßarbeiten« auf Seite 9)*
- *Vorhangband (hier Bleistiftfaltenband, 5 cm breit) in Stoffbreite*

FÜR DIE SEITLICHE DRAPIERUNG:
- *Klammern (z.B. kleine Wäscheklammern oder Klammern für Seilsysteme)*
- *Holzäpfelchen oder sonstigen Zierrat*

Zuschneiden

Schneiden Sie den Vorhang zu wie auf Seite 21 beschrieben.

Seitenkanten säumen

Egal, ob Sie Vorhänge oder Rollos nähen, zuallererst werden die Seiten gesäumt: Schlagen Sie die Kanten zweimal 1,5 bis 2 cm auf links ein. Steppen Sie dann den Einschlag fest; hierzu den Stoff vor und hinter der Maschine leicht spannen. Einen schmäleren Saum als 1,5 cm sollten Sie nicht machen, weil sich sonst gerne die Kanten nach außen drehen. Sollte dies dennoch einmal der Fall sein, beachten Sie den Tipp auf Seite 25.

Eine Seitenkante zweimal einschlagen.

Falls Ihr Vorhang aus mehreren Bahnen besteht, nähen Sie diese jetzt zusammen. Halbe Bahnen verarbeiten Sie so, dass diese später beim Dekorieren auf der Fensteraußenseite (also rechts und links des Fensters) liegen. Achten Sie dabei auf ein genaues Ansetzen des Musterverlaufes.

Oberkante arbeiten

Je nach Band und Aufhängeart ergeben sich verschiedene Entfernungen von der Vorhangoberkante zum Band. Man nennt diese Entfernung Köpfchenhöhe. Bei Vorhangschienen wird das Köpfchen so breit gemacht, dass die

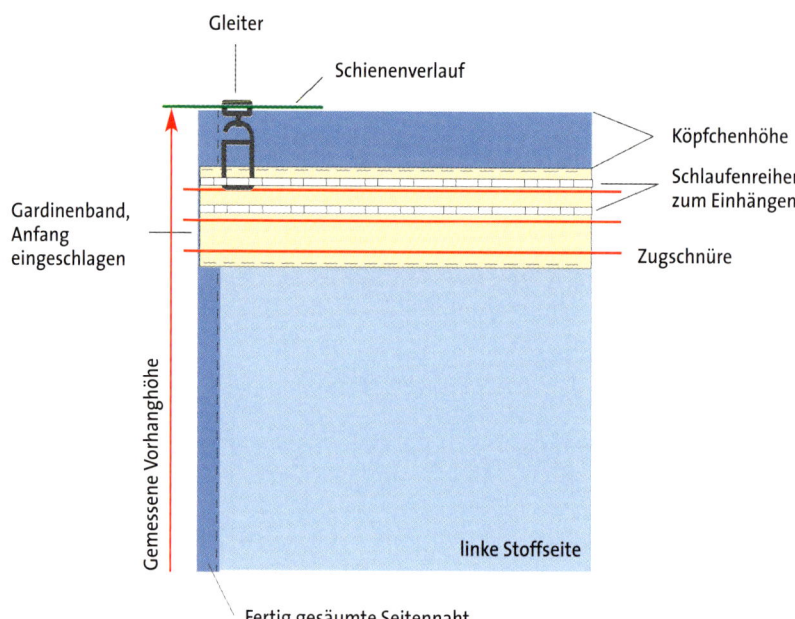

Die Saumzugabe an der Oberkante errechnet sich aus Köpfchenhöhe plus Bandbreite.

Häkchen dahinter verschwinden und möglichst nur 1 mm Luft zwischen Oberkante und Schiene bleibt. Bei Stangen bedeckt das Köpfchen die Kunststoffteile, nicht aber die Ringe. Bei Schmuckhaken bleibt es Ihnen selbst überlassen, wie hoch oder tief Sie den Stoff hängen möchten. Bei üppigen leichten Dekorationen kann es ganz lustig sein, wenn das Köpfchen so hoch ist, dass es nach vorne umklappt. Nähen Sie dazu ein Köpfchen mit der Höhe zwischen 5 und 15 cm.

Nachdem Sie die Köpfchenhöhe ermittelt haben, messen Sie die Breite (Höhe) des Bandes aus und addieren Sie die beiden Werte. Dies ist Ihre Zugabe für die Oberkante. Etwa 2 mm weniger als errechnet schlagen Sie nun die Oberkante des Vorhangstoffes nach links um. Bügeln Sie die Kante ein.

Achtung bei Stange oder Seil! Möchten Sie ein Köpfchen arbeiten, das über die Stange hinausragt, also höher ist, so müssen Sie diese Mehrlänge des Vorhanges vor dem Zuschnitt auch mit einrechnen (siehe Zeichnung unten; roter Stern). Addieren Sie diesen Betrag auch zu Ihrer errechneten Zugabe für die Oberkante.

Bei Stangen, an denen die Ringe sichtbar bleiben, also der Vorhang kürzer als das gemessene Maß

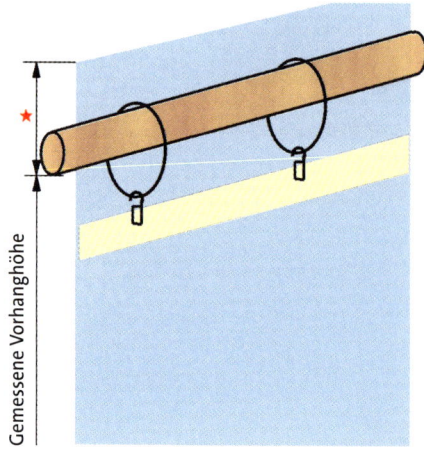

Das Köpfchen ragt über die Vorhangstange hinaus.

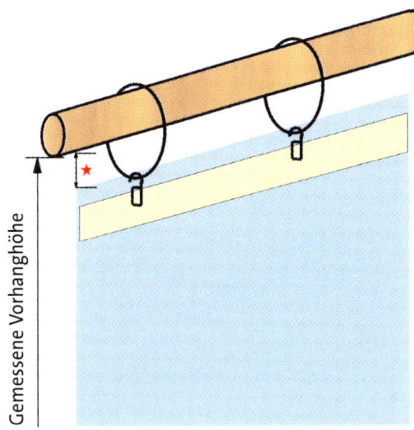

Das Köpfchen verdeckt nur die Häkchen.

ist, können Sie diesen Betrag abziehen (siehe Zeichnung oben; roter Stern). Errechnen Sie die neue Saumzugabe und kontrollieren Sie diese Änderung nochmals vor dem Ablängen.

Nun nähen Sie das Band zuerst an seiner Oberkante auf. Beginnen Sie immer mit einem glatten Bereich, also zwischen zwei Falten. Beim Kräuselband ist es egal, wo Sie beginnen. Den Bereich zwischen den Falten erkennen Sie daran, dass die Zugschnüre fest eingewoben sind. Im Gegensatz dazu sind die Zugschnüre an den Falten gut sichtbar. Ziehen Sie den Anfang der Zugschnüre 2 bis 3 cm hinter dem Bandanfang heraus. Schlagen Sie dann den Bandanfang nach hinten und legen Sie ihn um die Saumzugabe der umgebügelten Vorhangoberkante. Beim Nähen messen Sie fortlaufend immer wieder den Abstand von der Oberkante des Vorhangs zur Oberkante des Bandes (siehe Zeichnung).

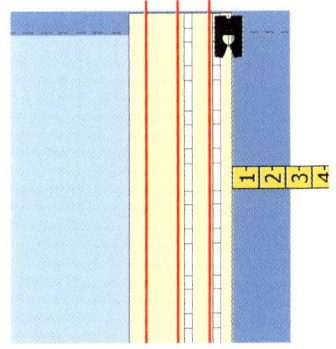

Die Zugschnüre ragen am umgeschlagenen Bandanfang heraus.

Kurz vor dem Ende der Stoffbahn ziehen Sie erneut ein Stück der Zugschnüre aus dem Band und schlagen den Rest des Bandes wieder um die Saumzugabe der Vorhangoberkante.
Haben Sie ein Band gewählt, das den Stoff in Faltengruppen legt, so nähen Sie bei zweiteiligen Vorhängen zuerst den linken Flügel. Auf diese Weise beginnen Sie ganz automatisch das Band an der Kante aufzunähen, die später beim Dekorieren in der Fenstermitte liegt. Bei unterschiedlichen Vorhangbreiten sollten Sie beim rechten Vorhangflügel das Band vorher aufstecken, da Sie ja auf der Fensteraußenseite zu nähen beginnen. Nur so ist sicher gestellt, dass das Band auch beim rechten Flügel in der Fenstermitte zwischen zwei Faltengruppen liegt.
Die Unterkante eines breiten Bandes sollten Sie vor dem Steppen immer feststecken, damit sie nicht verschoben werden kann. Beginnen Sie von der selben Seite aus zu nähen.
Achtung! Nachdem Sie das Band aufgenäht haben, verknoten Sie die Zugschnüre auf beiden Seiten.

Ablängen

Ist Ihr Stoff sehr weich oder haben Sie Bedenken, dass Sie nicht genau genug arbeiten konnten, so sollten Sie den Vorhang ablängen. Ablängen bedeutet, dass Sie den Vorhang zuerst aufhängen und den Saum zum Schienenverlauf entsprechend anpassen.
Längen Sie den Vorhang an seiner Stange oder Schiene hängend ab, so sollten Sie die Oberkante jetzt gleich raffen und die Häkchen daran befestigen. Hierzu werden die Zugschnüre auf der Fensteraußenseite herausgezogen. Messen Sie die fertige Breite noch einmal nach, spannen Sie dabei die Oberkante nicht, und wickeln Sie die Zugschnüre auf. Das sich daraus ergebende Päckchen können Sie in einen Gleiter einhängen und so unsichtbar hinter dem Vorhang verschwinden lassen.
Zum Ablängen eines Vorhangs messen Sie in Abständen von ca. 40 cm die richtige Höhe ab. Dazu legen Sie die Saumzugabe abschnittweise möglichst glatt nach vorne. Messen Sie nun vom Boden aus etwa 1,5 cm nach oben. Eine kleine Holzleiste in dieser

Breite oder ein Buch dient dabei als Maßstab. Stecken Sie an den gemessenen Stellen eine Stecknadel in den Stoff. Anschließend wird der Vorhang wieder abgehängt und der Saum begradigt. Bei festeren Stoffen, die eine Bahn nicht überschreiten, längen Sie den Vorhang auf dem Boden liegend ab und raffen Sie die Oberkante noch nicht. Auch die Häkchen bleiben vorerst in ihrer Tüte. Sind Sie sicher, dass alles stimmt, so können Sie gleich den Saum hochschlagen und feststeppen. Bei Vorhängen mit eingewebtem Bleiband steht die Länge ja bereits beim Arbeiten der Oberkante fest.

TIPP

Haben Sie eine zweiläufige Schiene so können Sie zum Ablängen auch ein unelastisches Band oder ein langes Metermaß an einem Gleiter befestigen. Markieren Sie sich darauf die gewünschte Länge. Das Messband kommt in die vordere Schiene, der Vorhang in die hintere. Achten Sie darauf, dass das Band bei jeder Messung senkrecht nach unten fällt, sonst wird der Saum schief.

Bei einer Stange lässt sich ein solches Band an einem Bügel befestigen, den Sie dann immer dicht neben einem Befestigungs-Ring einhängen und ebenfalls senkrecht nach unten messen.

Anschließend wird der Vorhang wieder abgehängt und der Saum begradigt. Danach den Saum hochnähen.

Saum hochnähen

Bei raumhohen Vorhängen wird der Saum in der Regel zweimal 12 bis 18 cm eingeschlagen. Dies ist genug, um auch beim Einlaufen des Stoffes nach dem Waschen noch etwas herauslassen zu können. Bei hochwertigen Produkten ist das Einlaufverhalten auf dem Pflegeetikett vermerkt. Ein breiterer Saum trägt auch dazu bei, dass nach einem eventuellen Umzug in höhere Räume die Freude an Ihrem Vorhang fortbestehen kann.

Bei transparenten Stoffen mit auffälligen unregelmäßigen Mustern kann es besser aussehen, wenn Sie den Saum nur einmal einschlagen und die Kante nur noch etwa 1,5 cm breit umschlagen.

Steppen Sie den Saum am unteren Kantenbruch beginnend zuerst entlang der Seitenkante (siehe Zeichnung), über die gesamte Vorhangbreite und erneut entlang der Seitenkante fest.

Saum den roten Pfeilen folgend feststeppen. Eine große Stecknadel am Nähbeginn verhindert das Zusammenziehen der Ecke.

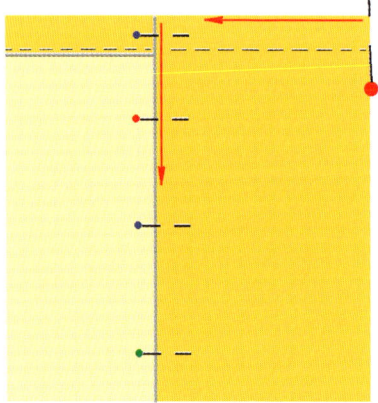

Vorhänge mit Bleiband

Wer will, kann ein Bleiband in den Saum legen. Normalerweise ist dies nicht nötig. Bei sehr leichten Stoffen jedoch, die sonst bei jedem Luftzug in eine Tür eingeklemmt werden könnten, bringt ein Bleiband eine gewisse Linderung.

Zum einfachen Einarbeiten des Bleibandes gehen Sie wie folgt vor: Drei Bleikügelchen entfernen und das äußere Hüllenende umstülpen. Danach das Bleiband in den Saumbruch einlegen und den Bandumschlag beim Absteppen des Saumes mitfassen. Am anderen Ende ebenso verfahren. Kleine Stiche im Bereich des eingelegten Bleibandes verhindern ein Ausreißen desselben.

Bei einem Vorhang mit eingewebtem Bleiband werden ebenfalls ein paar Bleikügelchen vor dem Säumen der Seitenkanten entfernt. Steppen Sie bis knapp vor das Bleiband und nähen Sie die Unterkante von Hand zu. Bleiband gibt es in verschiedenen Gewichtsklassen. Die Angaben beziehen sich auf Gramm pro Meter Bleiband. Universell einsetzbare Bleibänder haben ein Gewicht von 25 oder 35 Gramm pro Meter; 14 Gramm sind geeignet für sehr leichte Stoffe, 50 Gramm sollte man nur für stabile Übergardinen verwenden.

Daneben gibt es auch noch einzelne Bleistäbchen, die man zum Beispiel an seitlichen Säumen oder Mittelnähten befestigt.

Bügeln

Nun ist nur noch das Bügeln an der Reihe. Bei einer kleinen Bahn ist dies auch kein Problem. Halten Sie sich an die Pflegeanleitung Ihres Stoffes. Ist keine vorhanden, so beginnen Sie bei Kunstfasern ganz vorsichtig mit der Einstellung auf einem Punkt. Reine Baumwoll- und Leinenstoffe vertragen gleich die Bügeleisen-Einstellung auf zwei oder drei Punkten. Größere Vorhänge bügelt man am Besten, wenn man ein Stück der Oberkante um die Spitze des Bügelbrettes legt. Der Saum mit dem ganzen Rest wird rechts bei der Bügeleisen-Ablage zusammen gerafft. Das heißt, zuerst bügeln Sie am Vorhangband entlang die gesamte Breite. Danach ziehen Sie den Vorhang an seiner Oberkante ein Stück herunter vom Brett und bügeln so Reihe für Reihe. Zum Schluss hängt nur noch der Saum über dem Bügelbrett. Mit dieser Methode wird der Vorhang schön glatt, da der fertig gebügelte Stoff frei nach unten fallen kann und nicht mehr geknautscht wird.

Dekorieren

Eigentlich ist Ihr Vorhang jetzt fertig, es könnte jedoch sein, dass er nach dem Aufhängen etwas steif aussieht. Die senkrechten Falten müssen sich erst noch einhängen. Um dies jedoch schneller und gleichmäßiger zu erreichen, können Sie auch ein wenig nachhelfen. Schneiden Sie sich dazu 8 bis 10 cm breite Stoffstreifen in einer Länge, wie sie locker den Vorhang umschließen können. Legen Sie Ihren hängenden Vorhang vorsichtig in schöne gleichmäßige Falten und umwickeln Sie ihn mit den Stoffstreifen. Je nach Vorhanghöhe sollten drei bis vier solcher

Dieser Vorhang wurde ebenfalls nach der Schritt-für-Schritt-Anleitung gearbeitet. Durch das breite Schmuckband (Rautenband) und das höhere Köpfchen bekommt er jedoch eine ganz andere Wirkung.

Bänder genügen. Nach ein paar Tagen können Sie die Bänder wieder entfernen.

In leichten Fällen genügt es häufig schon, wenn Sie die in Falten gelegte Saumkante die ersten Tage mit ein paar Stecknadeln fixieren.

Vorhang-
modelle

Vorhang mit Ösenband

Wer kein farblich passendes gestanztes Ösenband im Handel erhält, kann sich selbst eines herstellen. Bei transparenten Stoffen ist dies sogar empfehlenswert, da der Faltenwurf und die Stabilität verbessert werden. Bei festeren Stoffen kann man die Ösen auch direkt an der Oberkante des Vorhangstoffes einarbeiten.

SIE BRAUCHEN

- *Vorhangstoff, seitlich gesäumt*
- *Steifband, die Länge entspricht der fertigen Vorhangbreite, die Breite sollte mindestens 2 cm größer sein als der Außendurchmesser der Ösen*
- *Garniturstoff in Schwarz, Verbrauch siehe Anleitung*
- *Ösen, möglichst eine gerade Anzahl, damit beide Vorhangkanten nach dem Aufhängen zur Wand weisen*

TIPP

Verwenden Sie möglichst aufbügelbares Steifband, damit beim Ausschneiden der Löcher der Stoff nicht verrutschen kann und sich um die Ösen herum keine Blasen bilden. Können Sie kein aufbügelbares Steifband bekommen, so kaufen Sie zusätzlich etwas Vliesofix (von *Freudenberg*). Dies ist ein doppelseitig beschichtetes, hauchdünnes Vlies auf einem Trägerpapier, das man normalerweise zum Applizieren verwendet.

Zuschneiden

Der Garniturstoff wird in doppelter Steifbandbreite plus 4 cm zugeschnitten. Ihr fertiges Ösenband ist dann auf jeder Seite 1 cm breiter als das Steifband. Die anderen 2 cm werden später, verteilt auf jede Seite 1 cm, als Saumzugabe nach innen gebügelt. Die Länge des Garniturstoffes richtet sich nach der Breite des gesäumten Vorhangs plus 6 cm.

Steifband einarbeiten

Bügeln Sie den Garniturstoff der Länge nach links auf links zur Hälfte zusammen; klappen Sie das Teil wieder auf. Legen Sie das Steifband der Länge nach direkt am Mittelbruch an. Es wird auf die Stoffhälfte gebügelt, die später auf der Vorhangvorderseite liegt. (Falls Ihr Steifband nicht aufbügelbar ist, schneiden Sie Vliesofix auf Steifbandgröße zu und bügeln Sie es dort auf. Anschließend wird das Trägerpapier entfernt und wie aufbügelbares Steifband weiterverwendet.) Die Saumzugabe der Längskanten auf links einbügeln (auf jeder Seite 1 cm; siehe Zeichnung).

Schlagen Sie die kurzen seitlichen Kanten jeweils um 3 cm ein. Vergleichen Sie nochmals die Gesamtlänge des Bandes mit der Breite Ihrer Stoffbahn. Stecken Sie dann die unteren Kanten aufeinander.

Lochabstand und Lochgröße

Der Lochabstand richtet sich nach der Ösengröße, der gewünschten Faltentiefe und dem Stoff. Er soll jedoch immer kleiner als der doppelte Wandabstand der Stange oder des Seils sein, da die Gardine sonst an der Wand streift.

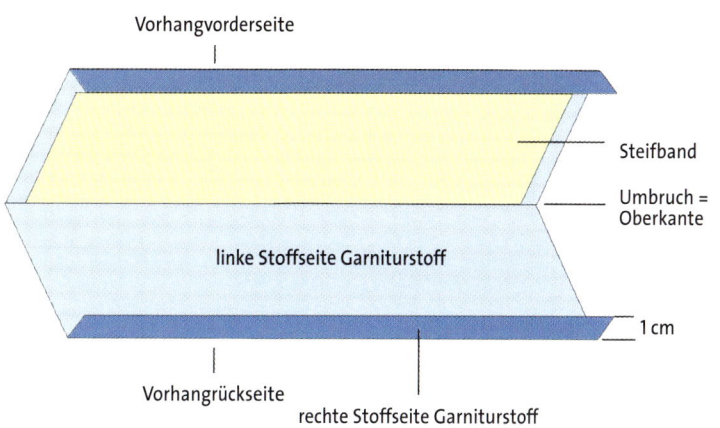

Vorhangvorderseite

Steifband

Umbruch = Oberkante

linke Stoffseite Garniturstoff

1 cm

Vorhangrückseite

rechte Stoffseite Garniturstoff

Teilen Sie die fertige Breite durch eine gerade Zahl (Anzahl der Ösen). Dies ergibt den Abstand von Öse zu Öse. Beginnen Sie die 1. Öse mit dem halben Abstand zur Kante. Markieren Sie die Mitte der Löcher auf der Mitte des nun verdeckten Steifbandes. Mit einem Zirkel oder einer Schablone zeichnen Sie Kreise in der entsprechenden Größe auf Ihr Ösenband. Achtung, weder Innen- noch Außendurchmesser entsprechen der Größe des Ausschnittes! Probieren Sie die passende Größe vorher an einem Reststück aus.

Ösen einarbeiten

Nun werden die Kreise ausgeschnitten. Bei stark fransenden Stoffen ist es ratsam, die Kanten mit etwas Stoffkleber zu versäubern. Dann werden die Ösen einfach zugeklippst. Das aufwändige Vernieten entfällt.

Ösenband annähen

Zum Schluss legen Sie die Vorhangoberkante zwischen die offenen Bandkanten und steppen das Band durch alle Lagen fest.

Vorhang mit Ösen (ohne Abb.)

Wenn Sie einen festen Stoff haben, arbeiten Sie die Ösen direkt in die Vorhangoberkante ein.

SIE BRAUCHEN

- *Vorhang, seitlich gesäumt*
- *Steifband, die Länge entspricht der fertigen Vorhangbreite, für die Breite rechnen Sie einmal den Ösendurchmesser plus 2 bis 3 cm*
- *Ösen, möglichst eine gerade Anzahl*

Bügeln Sie die Oberkante des Vorhangstoffes 1 cm auf links ein. Legen Sie das Steifband der Länge nach mittig und ca. 1 mm an der Kante zurückversetzt auf. Achten Sie darauf, dass die unbeschichtete Seite oben liegt und somit zur Vorhangvorderseite weist. Steppen Sie das Band knappkantig auf. Bügeln Sie die Oberkante über die Steifbandbreite erneut auf links ein. Dabei fixieren Sie auch gleichzeitig das Steifband.

Zum Einarbeiten der Ösen halten Sie sich dann an die Anleitung wie zuvor beim Ösenband beschrieben.

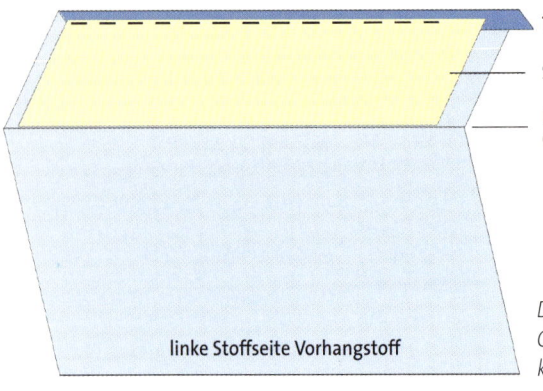

1 cm
Steifband
Umbruch = Oberkante

linke Stoffseite Vorhangstoff

Das Steifband entlang der eingebügelten Oberkante aufsteppen. Danach die Oberkante einschlagen und bügeln.

Streifenvorhang mit Besatz und Paspel

Geradezu avantgardistisch präsentiert sich dieses zauberhafte Vorhangmodell mit seitlichem Besatz und Federboa entlang der Oberkante. Übrigens eine ideale Lösung für große Fenster.

SIE BRAUCHEN

- *Vorhangstoff (z. B. von Nya Nordiska, Stoff: Sassa in Silber), entsprechend Ihren Fenstermaßen, der Rafffaktor sollte hier etwa 1,8- bis 2-fach sein. Zugabe für die Oberkante: einmal Steifbandbreite plus 1,5 cm. Zugabe für den Saum: ca. 30 cm*
- *Stoff für den seitlichen Besatz (z. B. von Nya Nordiska, Stoff: Biffi), in Länge des Vorhangs, 27 cm breit (fertige Besatzbreite 12 cm)*
- *Stoff für eine Paspel pro Vorhang (z. B. von Nya Nordiska, Stoff: Plana, Farbe: Blue), die Länge entspricht der Zuschnitthöhe des Vorhangs, 4 cm breit*
- *Paspelschnur, ca. 6 mm Durchmesser; am besten aus Synthetik, da einlaufsicher; Länge wie Paspelstoff*
- *Steifband für die Oberkante, die Länge entspricht der fertigen Vorhangbreite; 7,5 cm breit*
- *Federboa*

Zuschneiden und nähen

1. Schneiden Sie den Vorhang entsprechend Ihren Fenstermaßen zu (siehe auch Seite 9 und 21). Auch die Stoffstreifen entsprechend den Angaben zuschneiden.

2. Für die Paspel legen Sie die Schnur der Breite nach auf die linke Seite des Stoffstreifens. Am oberen Ende sollte die Schnur ca. 2 cm unterhalb der Stoffkante beginnen. Klappen Sie die linke Längskante auf die rechte und steppen Sie mit dem Reißverschlussfuß oder einem Kordelannähfuß knapp neben der Schnur die Paspel zu.

3. Säumen Sie dann die Seitenkanten des Vorhangstoffes, die später an der äußeren Fensterfront liegen.

4. Nehmen Sie die Paspel und legen Sie diese entlang den innenliegenden Seitenkanten rechts auf rechts an. Stecken Sie dann den Besatzstoff mit einer Längskante rechts auf rechts darüber. Nähen Sie durch alle Lagen die Teile zusammen (siehe Zeichnung).

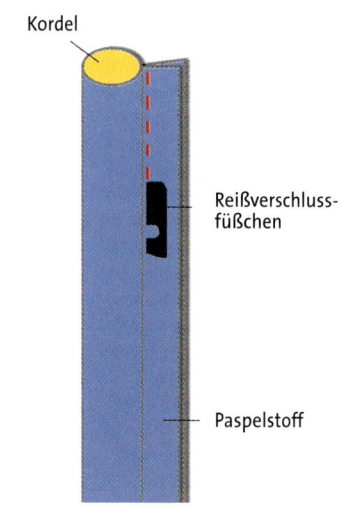

Die Paspel unter Einsatz des Reißverschlussfüßchens zusteppen.

5. Nun die lose Besatzkante 1 cm breit auf links einbügeln und auf die Vorhangrückseite legen. Die lose Kante von der Vorderseite aus entlang der Naht feststecken und annähen.

6. Die Oberkante 1,5 cm auf links einbügeln. Das Steifband entlang der Kante auflegen (siehe Anleitung »Vorhang mit Ösen« auf Seite 30) und aufsteppen. Die Oberkante auf Steifbandbreite einbügeln und die Seitenkanten zusteppen (siehe Zeichnung).

7. Nun werden folgende Maße aufeinander abgestimmt: Die Faltentiefe sollte etwa 7 bis 10 cm betragen. Der Abstand zwischen den Falten sollte etwa 10 cm sein. Die Differenz zwischen der jetzigen und der dekorierten Endbreite ist das Maß, das durch die Falten aufgenommen wird (hier »X« genannt). Teilen Sie X durch die Faltentiefe und Sie bekommen die ungefähre Faltenanzahl. Teilen Sie X durch die Faltenanzahl und Sie bekommen die ungefähre Faltentiefe. Die Ergebnisse werden jeweils gerundet. Die Anzahl der Falten entspricht der Anzahl der Zwischenräume (Abstände zwischen den Falten). Die Breite dieser Zwischenräume errechnet sich wie folgt: Dekorierte Endbreite geteilt durch die Anzahl der Zwischenräume. Stimmen Sie die errechneten Werte nochmals aufeinander ab. Falls vorhanden und vom Maß her sinnvoll, halten Sie sich an die Streifen auf Ihrem Stoff. Legen Sie immer die selbe Streifenfarbe in eine Falte. Stecken Sie die Falten auf der Vorhangvorderseite und überprüfen Sie das Endmaß. Auf dem Besatz wurde hier nur eine kleine Falte gelegt. Nähen Sie den Vorhang ohne Besatz, so beginnen Sie in der Mitte zwischen zwei Falten, messen Sie also einen halben Abstand (siehe Zeichnung). Bei dickeren Stoffen können Sie grundsätzlich ein paar Millimeter Faltentiefe weniger abstecken als errechnet. Notfalls variieren Sie jede Faltentiefe noch um ein paar Millimeter.

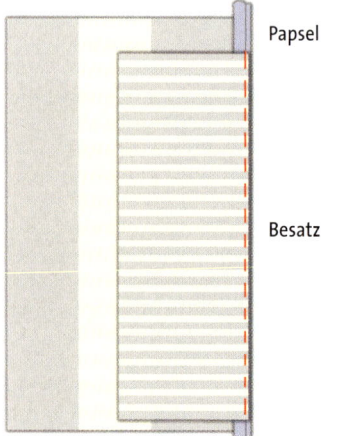

Vorhangstoff, Paspel und offener Besatz durch alle Lagen hindurch zusammen steppen.

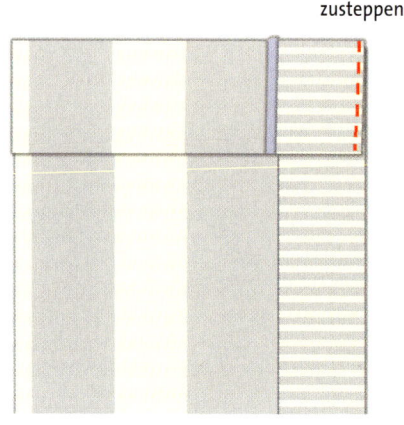

Die Oberkante einschlagen und die seitliche Öffnung schließen.

Vorhangbreite minus dekorierter Breite = x

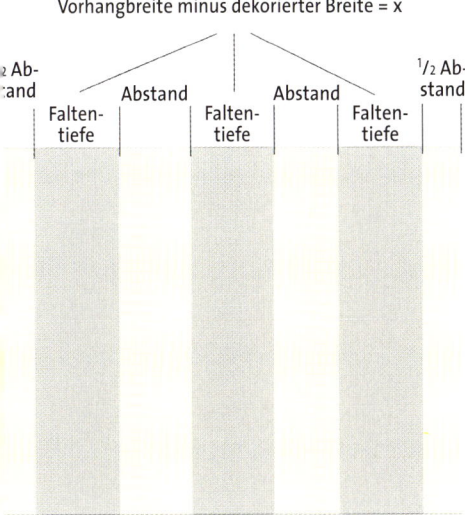

Die Anzahl der Falten entspricht der Anzahl der Zwischenräume.

8. Nähen Sie nun alle Falten bis knapp vor dem Steifbandende senkrecht ab (siehe Zeichnung).

Falten abnähen

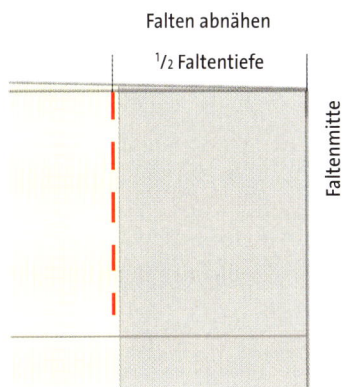

Die Falten stecken und absteppen.

9. Nun formen Sie die Falten. Legen Sie dazu die Faltenmitte auf die gerade gesteppte Naht und legen Sie die dadurch entstandenen beiden neuen Kanten nach vorne. Steppen Sie die doppelte Falte füßchenbreit unterhalb des Steifbandes quer ab. Enden Sie

aber diese Naht noch auf allen 4 Stofflagen! So kann die Naht beim Auf- und Zuziehen des fertigen Vorhangs nicht einreißen (siehe Zeichnung). Wer will, kann nun die Innenfalte nach außen ziehen und zu einem Kelch formen (siehe Foto).

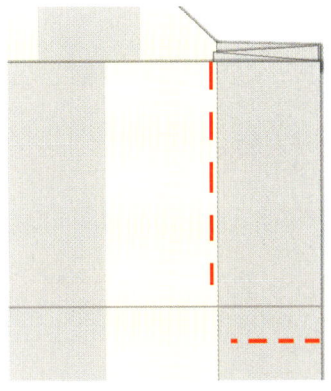

Die fertig gelegte Falte unterhalb des Steifbandes quer absteppen.

10. Von der Mitte aus gesehen nähen Sie hinter jede Falte ein Befestigungshäkchen mit dem Knopf-Annähprogramm Ihrer Maschine an. Ersatzweise können Sie auch ein paar 0,2 mm lange, 4 mm breite Zickzackstiche nähen.

11. Verzieren Sie die Oberkante eventuell mit Federboa oder sonstigem Schmuck, den Sie entweder mit Handstichen an jeder Falte befestigen oder einfach mit kleinen Sicherheitsnadeln feststecken. Vor dem Waschen alle Schmuckteile abnehmen.

12. Stellen Sie nun noch den Saum fertig. Wahrscheinlich braucht der Vorhang an der Paspel ein Bleigewicht, damit sich der Vorhang an dieser Stelle nicht nach oben zieht.

Moderner Landhausstil

Die sonnige ländliche Ausstrahlung bekommt dieser Raum durch den leichten Leinenstoff und den schlichten Dekorationsstil. Statt der üblichen breiten Schlaufen wurden hier schmale Bänder genäht, die auf dem Stoff in einen Tunnel gefädelt und verknotet werden. Nachträgliche Längen-änderungen sind so kein Problem.

SIE BRAUCHEN

- *Leinenstoff (z.B. von Nya Nordiska, Stoff: Tela Qua), zwei Bahnen entsprechend Ihren Fenstermaßen plus 16 cm Zugabe für die Oberkante und 30 cm für den Saum*
- *Leinenstoff für die Schleifenbänder, pro Bahn 6 Stück, Verbrauch siehe Zuschnitt*
- *Leinenstoff für ein Befestigungsband pro Bahn, siehe Zuschnitt*

Zuschneiden und nähen

1. Die Bahnen entsprechend den Angaben oben zuschneiden. Für die Schleifenbänder schneiden Sie vom Verschnitt (Rapport-Rest) über die gesamte Stoffbreite je 8 cm breite Stoffstreifen zu (fertige Breite 2 cm). Für ein Befestigungsband benötigen Sie über die gesamte Stoffbreite einen 4 cm breiten Streifen (fertige Breite 2 cm).

2. Säumen Sie zuerst die Seitenkanten des Vorhangs.

3. An jedem Schleifenband beide Längskanten knapp 2 cm zur Mitte hin einbügeln. Das Band zusam-

menklappen und die Längskanten aufeinander steppen.

4. Auch an jedem Befestigungsband Längskanten beidseitig 1 cm zur Mitte hin bügeln.

5. Die Oberkante des Vorhangs zuerst 2 cm auf links einbügeln und erneut 14 cm umbügeln. Den Einschlag knappkantig feststeppen.

6. Das Befestigungsband von der Vorderseite aus aufstecken (siehe Zeichnung) und die Einschuböffnungen für die Bänder markieren. Das Band aufsteppen; dabei die Einschuböffnungen frei lassen und jeweils davor und dahinter gut vernähen. Danach die Öffnun-

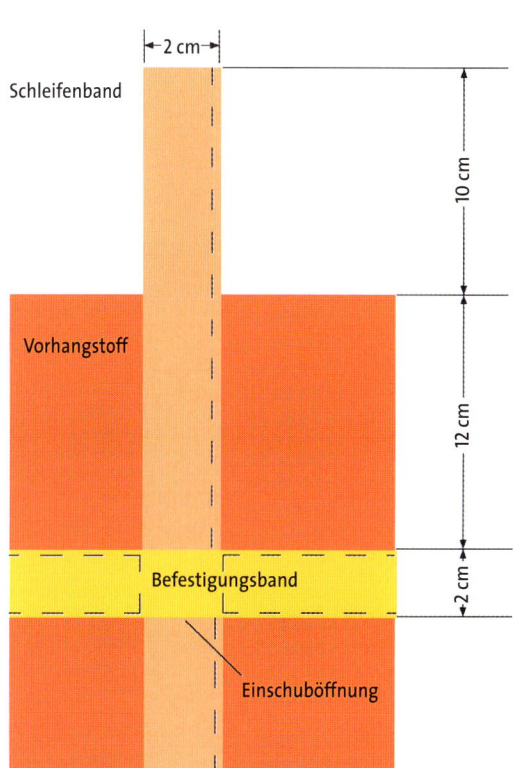

gen senkrecht begrenzen. So wird die Zugabe des Bandes fixiert, dies erleichtert das Einfädeln der Schleifenbänder.

7. Den Saum wie in der Schritt-für-Schritt-Anleitung auf Seite 25/26 beschrieben hoch nähen.

8. Zuletzt die Schleifenbänder einfädeln, eine Schlaufe für die Aufhängung bilden und diese mit einem dekorativen Knoten oder einer Schleife in Höhe des Befestigungsbandes sichern.

Schiebegardine mit Dekorschals

Wer für längere Zeit Schiebegardinen haben möchte, sollte für die Aufhängung eigens dafür entwickelte Systeme auswählen (z. B. von MHZ oder Rosso). Wer öfter die Fensterdekoration wechselt, kann sich auch so behelfen: Einfach zwei oder mehrere glatte Vorhangbahnen arbeiten, jeweils eine Leiste an der Oberkante einschieben und das ganze an einem zweiläufigen Seilsystem aufhängen. Die originellen Spiralen (von MHZ) geben den Bahnen den letzten Pfiff. Die seitlichen Dekorschals wurden lässig an normalen Ringen aufgehängt und stehen auf dem Boden auf. Fertigen Sie zuerst eine maßstabgetreue Zeichnung, in der Sie die Gardinenendmaße bestimmen. Lassen Sie die einzelnen Bahnen dabei um ca. 12 cm überlappen.

SIE BRAUCHEN

- *Transparenter Vorhangstoff, entsprechend Ihren Fenstermaßen plus Saumzugaben; Köpfchenhöhe beträgt hier 1,5 cm*
- *Transparentes Steifband, die Länge entspricht der Gesamtbreite der Gardinen (seitlich gesäumt), 7 cm breit*
- *Kräuselband, Länge wie Steifband plus Saumzugaben, 2 cm breit*
- *Tischdeckenfolie aus Kunststoff (ohne Gewebebeschichtung) oder ein nicht fransender fester Stoff für die Applikation*
- *Stoff für die Dekorschals, z. B. in Gelb, entsprechend Ihren Fenstermaßen plus Saumzugaben*
- *Kräuselband für die Dekorschals, Länge wie Schalbreite*
- *Leiste, ca. 1,0 – 1,5 cm breit*

TIPP

Die Tischdeckenfolie lässt sich bei 30° im Schonwaschgang waschen. Außerdem färbt sie nicht. Sie ist in vielen verschiedenen Farben erhältlich. Nach dem Waschen wird sie vorsichtig unter einem Tuch mit der niedrigsten Einstellung gebügelt.

Zuschneiden und nähen

1. Schneiden Sie die Bahnen für die Gardinen und die Dekorschals nach Ihren Berechnungen zu. Für die Applikation aus Folie benötigen Sie vorab mehrere 10 x 6 cm große Rechtecke. Halbieren Sie die Rechtecke diagonal. So erhalten Sie Dreiecke mit einem rechten Winkel rechts oder links unten (siehe Zeichnung).

2. Anschließend die Seitenkanten einsäumen. Dabei je nach Material den Stoff vor und hinter der Maschine stark spannen. Bei dieser geraden Aufhängeart sieht man ein Ziehen der Naht besonders stark.

3. Um die punktuelle Belastung am Kräuselband gering zu halten und die Aufhänge-Spiralen in die Senkrechte stellen zu können, wird an die Oberkante das Steifband genäht. Bügeln Sie die Oberkante in knapp der Hälfte der Steifbandbreite ein. Auf der so präparierten sehr stabilen Oberkante nähen Sie das Kräuselband.

4. Markieren Sie dann die senkrechten Mittellinien der Bahnen.

Die Oberkante wird vor dem Aufnähen des Kräuselbandes mit Steifband präpariert.

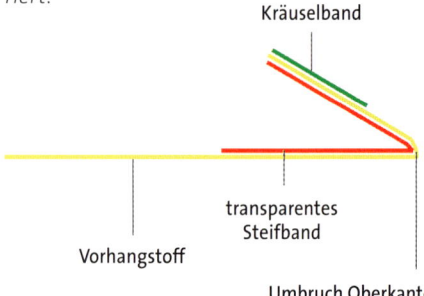

Kräuselband

transparentes Steifband

Vorhangstoff

Umbruch Oberkante

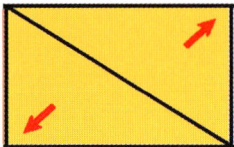

Die Folienrechtecke diagonal halbieren.

5. Nun wird zwischen den Steifbandlagen ein Stab eingeschoben. Hängen Sie die Bahnen auf und positionieren Sie die Foliendreiecke auf der Mittellinie. Da Sie die Folie nicht aufstecken können, markieren Sie den Beginn eines Dreieckes auf dem Vorhangstoff mit einer Sicherheitsnadel. Je nach Fensterhöhe wählen Sie zwischen den Dreiecken einen Abstand von ca. 42 cm.

6. Den Vorhang wieder abnehmen und den Stab entfernen. Danach die Dreiecke aufnähen: Beginnen Sie oben am Band auf der senkrechten Mittellinie und nähen Sie ohne Unterbrechung bis zum Saum. Zu Beginn eines jeden Dreiecks bleiben Sie mit der Nadel im Stoff und legen die Spitze des Dreiecks knapp neben die Nadel. Einfach weiternähen. Zielen Sie dabei etwa auf die Mitte der unteren Kante des Dreiecks, bis Sie wieder auf der markierten Mittellinie des Stoffes nähen. Transportiert Ihre Maschine auf der Folie schlecht, so verwenden Sie einen Teflonfuß, oder ersatzweise ein Stück Seidenpapier. Ist Ihnen das Anpeilen zu ungenau, so können Sie die Dreiecke auch mit Tesafilm aufkleben.

7. Da Seilsysteme immer etwas durchhängen, längen Sie die Bahnen am Fenster ab. Nähen Sie den Saum und beachten Sie dann beim Aufhängen die richtige Reihenfolge der Bahnen.

8. Die Dekorschals werden als normale aufstehende Gardinen gearbeitet. Ein nicht gerafftes Kräuselband dient auch hier als Aufhängung. Die Abstände zwischen den Häkchen betragen ca. 27 bis 30 cm. Bei der Befestigung des Stoffes mit Klämmerchen kann das Kräuselband entfallen.

Vorhang mit großer Biese

Diese eigentlich ganz einfache Fensterdekoration bekommt ihre besondere Note durch die reich gestaltete obere Partie. Statt eines herkömmlichen Raffhalters wurde ein simpler Knoten gemacht. Dies und die unterschiedlichen Farben für rechts und links bringen eine jugendliche Ausstrahlung in den Raum.

SIE BRAUCHEN

- *Leichter Vorhangstoff; für die Oberkante brauchen Sie ca. 75 cm mehr Länge als bei einem normalen Vorhang. Der Knoten nimmt je nach Stoffart und Stoffbreite ca. 40 bis 50 cm zusätzliche Länge in Anspruch. Bei laufenden Metern kann es vorkommen, dass Sie mit der Höhe nicht auskommen. Setzen Sie den Stoff dann unter dem Band an.*
- *Band (Smokband) mit einem 2-fachen Rafffaktor*

Das Band so aufnähen, dass oben ein 5 cm hohes Köpfchen stehen bleibt.

3. Danach den Saum hoch nähen; eventuell den Vorhang zuvor am Fenster ablängen.

4. Hängen Sie dann den Vorhang auf. Für den Knoten halten Sie den Stoff an der Außenseite in der gewünschten Knotenhöhe fest. Nehmen Sie nun Falte für Falte auf. Achten Sie darauf, dass Sie jeder Falte etwas mehr Länge geben. Nun einfach den Knoten machen und etwas zurechtzupfen.

Zuschneiden und nähen

1. Schneiden Sie den Stoff fadengerade zu.

2. Fertigen Sie dann einen ganz normalen einfachen Vorhang. Arbeiten Sie die Oberkante entsprechend der Zeichnung.

Köpfchen ca. 5 cm

Vorhang-band

Biese ca. 40 cm

Mehr Volumen erhält die Biese durch das Auseinanderziehen der Bruchkante.

TIPP

Sie können die Riesenbiese auch als kurzen Querbehang arbeiten. Dazu brauchen Sie allerdings eine zweiläufige Schiene oder Stange. Haben Sie dies nicht, so können Sie auch eine Leiste montieren oder auf die Vorderkante der Schiene einfach ein Klettband aufkleben. Beim Bemessen der Querbehanghöhe achten Sie darauf, dass Sie das Fenster noch öffnen und schließen können.

Raffhalter

Die Länge

Raffhalter sollten grundsätzlich so lang sein, dass sie den Vorhang fest genug umschließen, aber dennoch so locker sein, dass der Vorhang nicht gequetscht wird. Bei rutschigen Stoffen kann er etwas kürzer ausfallen als bei raueren. Führen Sie zum Messen der richtigen Länge ein Maßband locker um den fertig drapierten Vorhang.

Das Drapieren

Sie können Raffhalter entweder nur um den Vorhang legen oder durch einen Haken an der Wand halten. Im ersten Fall werden beide Vorhangseiten etwas zur Mitte gezogen, im zweiten Fall montiert man den Haken an der Wand so, dass die Außenseite des Vorhanges senkrecht nach unten fallen kann. Die Höhe, wo der Raffhalter sitzen soll, ist Geschmackssache. Manche empfehlen das Vorhangmaß zu dritteln, also ein Drittel unter dem Raffhalter, zwei Drittel darüber, aber auch andere Maße sind denkbar und hängen oft stark von den örtlichen Gegebenheiten ab. Je weiter unten ein Raffhalter angebracht wird, desto mehr verdeckt der Stoff das Fenster. Je mehr Sie den Vorhangstoff an seiner Vorderkante aus dem Raffhalter herausziehen, desto bogenförmiger fällt er. So kommt es, dass dann auch die Saumlinie stark gekürzt wird. Wird dies nicht gewünscht, so sollten Sie den Vorhang vor dem Ablängen mit dem Raffhalter umschließen und so die Vorderkantenlänge des Vorhanges bestimmen.

Als Raffhalter eignen sich sowohl gerade geschnittene Bänder, ca. 5 bis 10 cm breit, als auch Kordeln mit Quasten oder sonstigen Anhängern.

Einlagen

Vor dem Aufbügeln von Einlagen sollte der Stoff heiß abgedämpft werden. Das Aufbügeln erfolgt am Besten unter einem feuchten Baumwolltuch. Nach dem Aufbügeln lassen Sie den Stoff vor der weiteren Verarbeitung ca. 30 Minuten liegen.

Bei der Verwendung spezieller Schabrackeneinlagen wird diese ringsherum ca. 1 bis 2 mm kleiner als die fertige Größe des Raffhalters zugeschnitten. Sie wird ausschließlich auf die Vorderseite gebügelt.

Normale Einlagen werden etwas größer zugeschnitten als die fertige Raffhaltergröße und mit eingenäht.

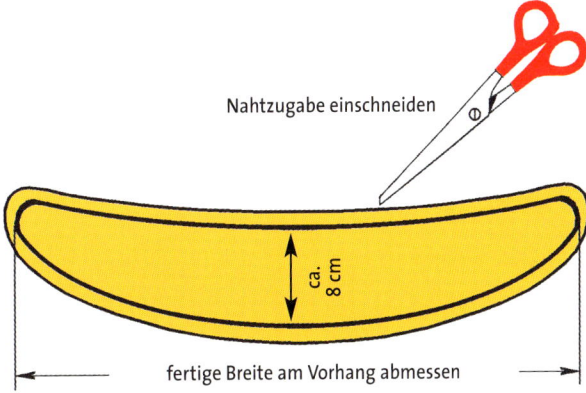

Nahtzugabe einschneiden

ca. 8 cm

fertige Breite am Vorhang abmessen

Die Blattvorlage auf Karton übertragen und als Schablone ausschneiden.

Das Blattarrangement

Blätter, die aus Filz geschnitten werden, Seidenblumen oder fürs Kinderzimmer Marienkäfer aus Filz oder Folie peppen die einfache Bandform auf.
Für den Blätterraffhalter wurden sechs Blätter nach Schablone ausgeschnitten (siehe Zeichnung). Bei Bedarf kann man die Schablone mit einem Kopierer vergrößern. Um die Blätter zu stabilisieren, werden in ihre Längsachsen auf der Rückseite 2 mm breite Biesen genäht. Die fertigen Blätter auf dem Raffhalter anordnen und mit ein paar Handstichen aufnähen. Zum Befestigen kann man auch kleine Sicherheitsnadeln verwenden.

Die Bananenform

Wer es aufwändiger mag, fertigt die häufig anzutreffende »Banane« mit all ihren Variationsmöglichkeiten. In der Regel wird dazu

die Form zweimal aus dem entsprechenden Stoff zugeschnitten. Je nach Festigkeit des Stoffes verstärkt man die Stoffteile mit einer Einlage. Danach werden die Teile rechts auf rechts zusammen genäht (ca. 6 cm offen lassen) und verstürzt. Anschließend wird der Raffhalter gebügelt und schmalkantig abgesteppt, wobei die Wendeöffnung geschlossen wird. Zum Schluss wird an jeder Seite noch ein Raffhalterring von Hand angenäht. Bei bunten Stoffen

können Sie die Ringe mit der Nähmaschine annähen. Verwenden Sie dazu das Knopf-Annähprogramm Ihrer Nähmaschine oder auch einen dicht eingestellten Zickzackstich (auch Satinstich).

Banane mit Rüsche

Dies ist eine von vielen Variationsmöglichkeiten: Schneiden Sie einen doppelt so langen Stoffstreifen wie der Umfang Ihres Raffhalters. Davon eine Längskan-

te einsäumen, die andere Kante einkräuseln. Beide bananenförmigen Stoffteile rechts auf rechts aufeinanderlegen und die Rüsche mit den Schnittkanten bündig dazwischen legen. Das Teil verstürzen, wie unter »Die Bananenform« beschrieben.

Übrigens, dünne Rüschenstoffe können Sie auch doppelt verarbeiten: Einfach den Stoffstreifen zur Hälfte zusammenlegen, somit entfällt das Säumen.

Bandform mit Paspel

Für diese Version fertigen Sie zuerst die Paspel, wie beim Vorhang auf Seite 31/32 beschrieben. Die Länge entspricht dem Umfang des Raffhalters. Statt der Rundungen an den Enden wurden bei dem Raffhalter im Foto Ecken an-

gedeutet. Beim Verstürzen der Stoffteile die Paspel zwischen den Lagen mitfassen. Vor dem Wenden die Nahtzugaben einschneiden.

TIPP

Um Raffhalter rund zu bügeln, nehmen Sie am besten eine leere Flasche und umwickeln diese mit einem dicken Frottee-Handtuch. Der Raffhalter wird darüber gelegt und Stück für Stück in Form gebügelt.

Große Rüsche

Wer am Vorhang ein Schmuckband angenäht hat, kann dies beim Raffhalter wiederholen. Wählen Sie dazu die selbe »Köpfchenhöhe« wie am Vorhang.

Schneiden Sie einen geraden Stoffstreifen: die Länge entspricht der gewünschten fertigen Länge multipliziert mit dem Rafffaktor des Bandes plus Nahtzugaben; für die Breite berechnen Sie 2 x Köpfchenhöhe plus Gardinenbandbreite mal 2 (ohne Zugabe). Schlagen Sie die Nahtzugaben der kurzen Seiten ein und legen Sie die langen Kanten jeweils zur Stoffmitte. Nähen Sie nun das Schmuckband mittig auf. Kräuseln Sie das Band ein und stecken Sie die Zugschnüre einfach zwischen die Lagen.

Bandgeflecht

Ganz raffiniert wirkt ein geflochtener Raffhalter. Ob Sie ihn aus einem Stoff oder in unterschiedlichen Dessins oder Farben anfertigen, kommt auf die gewünschte Wirkung und den verwendeten Vorhangstoff an. Der Raffhalter auf dem Foto wirkt sehr elegant, obwohl er nur aus Fasnachtsstoffen gefertigt wurde. Für ein italienisches Flair wäre die Kombination Grün-Weiß-Rot sehr dekorativ. So lässt sich bei neutralen Vorhängen zu jeder Gelegenheit ein besonderer Effekt erzielen. Schneiden Sie drei 10 cm breite Stoffstreifen, die knapp die 1,5-fache Länge des fertigen Raffhalters haben (2 cm Nahtzugabe pro Seite sind enthalten). Für die Füllung benötigen Sie 1 cm dickes Volumenvlies; schneiden Sie drei Streifen in der gleichen Länge wie die Stoffstreifen, 6 cm breit. Für die Endkappen genügen zwei kleine Reststücke von 12 x 7 cm. Außerdem benötigen Sie zwei Raffhalterringe.

TIPP

Transparente Stoffe sollten mit einem farblich passendem Stoff unterlegt werden, damit das Volumenvlies nicht durchscheint.

Zuerst fertigen Sie drei Schläuche: Legen Sie jeweils einen Streifen Volumenvlies in die Mitte eines Stoffstreifens, auf die linke Stoffseite (siehe Zeichnung). Schlagen Sie die Zugabe der Längskanten auf das Vlies und klappen

Die eingeschlagenen Längskanten aufeinander klappen und zusammen steppen.

Sie die Kanten der Länge nach aufeinander. Steppen Sie die Kanten knappkantig zusammen; die Enden bleiben offen. Auf diese Weise nähen Sie noch zwei Schläuche.

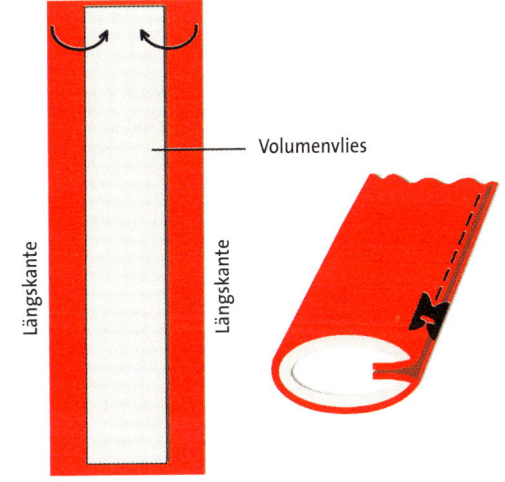

Volumenvlies

Längskante

Längskante

Steppen Sie die Schläuche an einem Ende bündig aufeinander. Flechten Sie den Zopf bis zum anderen Ende. Achten Sie darauf, dass die Längsnähte immer unterhalb des Geflechts bleiben.
Die Schläuche am Zopfende mit Stecknadeln fixieren. Messen Sie die Bandlänge ab und steppen Sie an dieser Stelle einfach quer über den Zopf. Das überstehende Stück schneiden Sie ab.
Nehmen Sie nun die Rechtecke für die Endkappen. Legen Sie die kurzen Kanten bündig aufeinander und nähen Sie die Seiten zu (siehe Zeichnung).

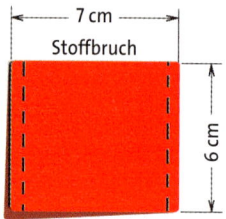

Den Bandabschluss bilden sogenannte Endkappen.

Die Kappe auf rechts wenden und die Kanten der offenen Seite nach innen schlagen. Die Kappe über das Raffhalterende schieben, dieses bis zum Anschlag hinein stecken, dann Zopf und Kappe aufeinander ausrichten. Beides mit der Maschine oder von Hand fixieren. Zuletzt die Raffhalterringe auf der Rückseite mit Handstichen annähen.

Rollos

Allgemein

Falt- und Raffrollos sind meist sehr platz- und stoffsparende Alternativen zu herkömmlichen Vorhängen. Rollos sind sehr vielseitig einzusetzen. In ihrer schlichten Form wirken sie modern und sachlich. Jedoch mit verspielten Abschlüssen oder Stoffen, die üppig gerafft werden, bekommen Sie ein feminineres, weicheres Ambiente. Auch hier gelten die gleichen Vorbereitungen wie bei einem Vorhang.
Technische Hinweise über Material und Befestigungsart erfahren Sie ab Seite 16. Messen Sie zuerst das Fenster aus (Seite 9). Fertigen Sie eine maßstabgerechte Zeichnung.

Grundsätzlich unterscheidet man bei Rollos vier Arten:
● Rollos (Faltrollos) mit Querstäben in eingenähten Tunnels
● Rollos (Faltrollos) mit Querstäben in aufgenähten Bändern
● Rollos mit senkrecht aufgenähten Bändern
● Raffrollos

Faltrollos mit diagonalem Saumabschluss und kontrastierenden Farbflächen.

Bei den klassischen Faltrollos fällt der Stoff immer in horizontale Falten. Mit verschiedenen Saumabschlüssen oder der Aufteilung in einzelne Farbfelder hat man zusätzliche gestalterische Möglichkeiten, das Thema zu variieren.

Um mit der Unterteilung in Farbfeldern zu experimentieren, nehmen Sie einfach ein Stück Papier, das Sie maßstabsgetreu zuschneiden. Bemalen Sie es und falten Sie es vorsichtshalber auch im richtigen Maßstab. Manche Wirkungen verlieren nämlich an Reiz, wenn das Rollo fast hochgezogen ist.

Raffrollos werden sowohl in der Breite als auch in der Höhe gerafft und verbrauchen somit wesentlich mehr Stoff. In der Regel das 1,5- bis 2-fache der eigentlich zu bedeckenden Fläche. Die Falten oder Kräuselungen fallen in weichen Bögen. Die Querstäbe entfallen. Ganz einfach erreichen Sie die Kräuselung mit einem speziellen Rolloband. Alternativ dazu können Sie auch einzelne Ringe direkt auf den Stoff nähen. Dazu sollten Sie aber einen festeren Stoff verwenden, da dünnere Stoffe zum Ausreißen neigen.

Die einfachste Variante eines Rollos stellt eine glatte Stoffbahn dar, mit eingelegtem Stab (Fallstab) an der Saumunterkante. Ringschrauben in der Befestigungsleiste nehmen die an der Oberkante aufgenähten Bänder hinter dem

Ganz hochgezogen verliert dieses Muster seine Wirkung.

Mit Blenden entlang den Außenkanten wirkt das Rollo in jeder Höhe harmonisch.

Halbe Bahnen werden im Außenbereich, also rechts und links von einer ganzen Stoffbahn angesetzt. Eine Naht in der Mitte sollte möglichst vermieden werden. Bei fertigen Rollomechaniken sind die Zugschnüre schon mit dabei, deshalb werden in den Anleitungen dazu meist keine Angaben mehr gemacht.

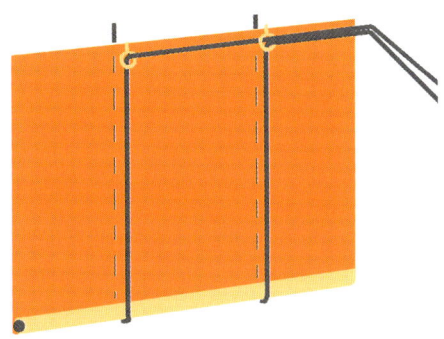

Rollo wieder auf (siehe Zeichnung). Die losen Enden bleiben beweglich und ermöglichen ein Auf und Ab des Rollos. Achten Sie darauf, dass der Stoff nie ganz ausgewickelt wird, da Sie sonst beim Hochziehen von Hand nachhelfen müssten.

Statt der Zugschnüre können Sie auch dekorative Bänder verwenden. Nähen Sie diese auf der Vorder- und Rückseite des Rollostoffes auf. Halten Sie das Rollo durch Schleifen in der gewünschten Höhe fest. Ein Verstellen dieses Rollos ist aufwändig, da alle Schleifen geöffnet und der Stoff von Hand aufgerollt werden muss. Diese Konstruktion ist daher eher für feststehende Dekorationen geeignet.

Verwenden Sie keine Querstäbe, so fällt das Rollo runder und die seitlichen Kanten werden leicht zur Mitte gezogen. Bei Faltrollos mit Schlaufenbändern wird nur ein Querstab oberhalb des Saumes eingelegt (siehe »Faltrollo zum Schieben« auf Seite 47).

Stoffverbrauch bei Rollos

	Faltrollo mit eingenähten Tunnels für Querstäbe (Beispiel Seite 17)	Faltrollo mit aufgenähten Bänder für Querstäbe (Beispiel Seite 49)	Faltrollo mit Schlaufenbändern (Beispiel Seite 46)	Raffrollo (Beispiel Seite 51)
Stoffbreite	gewünschte fertige Breite plus zweimal 4 cm	gewünschte fertige Breite plus zweimal 4 cm	gewünschte fertige Breite plus zweimal 5 cm	gewünschte fertige Breite x Rafffaktor plus zweimal 5 cm
	Immer benötigen Sie die gewünschte fertige Länge plus:			
Saumzugabe Unterkante	3 bis 4 cm für jeden Tunnel plus ca. 12 bis 15 cm Saum oder ein separater Abschluss	ca. 12 bis 15 cm oder ein separater Abschluss	ca. 12 bis 15 cm oder ein separater Abschluss	ca. 4 cm
Saumzugabe Oberkante	2 bis 4 cm je nach Flauschbandbreite	2 bis 4 cm je nach Flauschbandbreite	2 bis 4 cm je nach Flauschbandbreite	2 bis 4 cm je nach Flauschbandbreite
Zusätzlicher Stoffverbrauch				für Raffung in der Höhe je nach Wunsch 1,5- bis 2,5-fache Länge

Rollomodelle

Faltrollo zum Schieben

Diese einfachen Faltrollos haben den Vorteil, dass die Rollomechanik auf einer dreiläufigen Metall-schiene angebracht wird. Diese Art der Montage kann man wählen, wenn die Höhe oberhalb des Fensters nicht ausreicht, das hochgezogene Rollo ganz aufzunehmen. Auch kann so während des Lüftens ein Rollo vor das offene Fenster geschoben werden.

SIE BRAUCHEN

- Dreiläufige Metall- oder Kunst-stoffschiene (z. B. von MHZ)
- Rollomechanik mit Kettenzug und passenden Schienen-gleitern (z. B. von Döfix)
- Stoff für das Rollo (z. B. von Nya Nordiska, Stoff: Tonno, Farbe: Apple), entsprechend Ihren Fenstermaßen und der Tabelle auf Seite 45
- Schlaufenband, einmal die Gesamtlänge des Rollos (ohne Saum) mal Anzahl der benötigten Bänder. Je nach Abstand der einzelnen Bän-der zueinander hängen die Falten eher gerade oder leicht bogenförmig. Bei nicht zu weichen Stoffen führt ein Ab-stand von ca. 25 bis 30 cm zu fast keiner Bogenbildung
- Zugschnur, einmal die Ge-samtlänge der Schlaufenbän-der plus dem Weg, den jede Schnur braucht, um an der Befestigungsleiste entweder in der Umlenkrolle zur Kette oder zur Zusammenfassung aller Schnüre zu kommen
- Flauschband

TIPP

Bei einem markanten Stoff-muster wie hier stecken Sie erst die sichtbare Länge ab und verschieben diese gege-benenfalls nochmals nach oben oder unten, um ein schönes Gesamtbild zu erhal-ten. Zu diesem Zweck kann es auch nötig sein, die Säume mal kleiner oder größer zu machen als sonst üblich.

Die Schlaufenbänder immer im gleichen Rapportbeginn ansetzen.

Zuschneiden und nähen

1. Schneiden Sie den Rollostoff entsprechend Ihren Fenstermaßen zu.
2. Wie auch schon bei den Vorhän-gen, werden dann zuerst bei je-dem Stoffteil die Seitenkanten ge-säumt. Bei Raff- oder Faltrollos mit senkrecht aufgenähten Bändern werden die seitlichen Säume je-weils ein Mal fünf Zentimeter ein-geschlagen und die Kante nur ein-gebügelt. Achten Sie darauf, dass die Kanten exakt parallel zueinan-der verlaufen. Die offene unver-

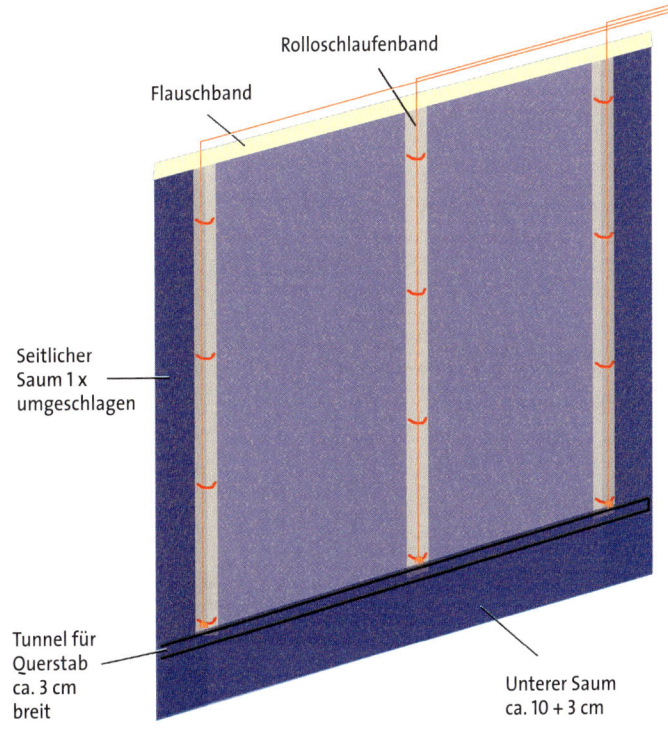

Rolloschlaufenband

Flauschband

Seitlicher Saum 1 x umgeschlagen

Tunnel für Querstab ca. 3 cm breit

Unterer Saum ca. 10 + 3 cm

säuberte Kante wird später durch das Rolloband abgedeckt.

3. Bei Rollos mit unverzierter Unterkante wird anschließend der Saum je nach Schlaufenabstand ca. 13 cm hochgeschlagen und davon noch 3 cm eingeschlagen (siehe Zeichnung). Die zusammen gelegte Falte eines Rollos ist immer halb so breit wie der verwendete Schlaufenabstand. Soll die erste Falte des Faltrollos den Saum ganz bedecken, so muss der Saum halb so groß sein wie der Schlaufenabstand des Bandes. So nimmt das hochgezogene Stoffpaket am wenigsten Platz in Anspruch. Der Saum an diesen Rollos beträgt allerdings 20 cm, damit das Muster ganz auf den Saum kommt und nicht durchschnitten wird. Bügeln.

4. Ebenso wird jetzt die obere Kante in Flauschbandbreite, also 2 bis 4 cm, nach links umgebügelt. Alle Außenkanten werden festgesteckt.

5. Zum Aufnähen der Schlaufenbänder legen Sie die äußersten Bänder auf die seitlichen Säume, so dass diese abgedeckt sind. Beginnen Sie jeweils unten und legen Sie den Bandanfang dort unter den Saumeinschlag. Die erste Schlaufe liegt immer dicht am Saum.

6. Den Rest der Rollobreite teilen Sie in gleichmäßige Abstände zwischen 25 und 30 cm ein. Ganz einfach geht das Aufnähen der Bänder, wenn diese zum Aufbügeln beschichtet sind. So werden Sie erst exakt parallel zur seitlichen Kante fixiert und dann nur noch nachgenäht. Enden die Bänder an der Rollooberkante auf dem umgeschlagenen Saum, so kann sich das Bandende später nicht auf die rechte Rolloseite durchdrücken.

7. Steppen Sie den unteren Saum knapp neben seiner oberen Kante und erneut in 3 cm Entfernung ab. Dabei wird auf einer Seite der entstandene Tunnel mit zugenäht. Die andere Seite bleibt zum Einschieben eines Querstabes offen. Danach kann diese Seite mit ein paar Stichen von Hand geschlossen werden. Oder Sie verschließen den Tunnel mit einem kleinen Stückchen Klettband, das Sie auf die Sauminnenseiten des Tunnels nähen. Dies funktioniert jedoch nur, wenn der Querstab schmäler als die Mechanik ist.

8. Jetzt können Sie das Flauschband an die Rollooberkante nähen.

9. Zuletzt brauchen nur noch die Zugschnüre durchgefädelt werden (siehe Zeichnung auf Seite 47): In der untersten Schlaufe werden die Zugschnüre jeweils verknotet. Oben werden alle Schnüre zu einer Seite hin durch die entsprechenden Ösen gefädelt oder über die Umlenkrollen geklippst.

Faltrollo mit Markiseneffekt

Für dieses außergewöhnliche Exemplar brauchen Sie etwas Zeit. Doch der Anblick entschädigt Sie für alle Mühen. Die Original-größe dieses Rollos beträgt in der Länge 136 cm und in der Breite 110 cm. Weichen die Angaben von Ihren Fenstermaßen ab, korri-gieren Sie diese entsprechend.

SIE BRAUCHEN

- *Voile, 110 cm, Stoffbreite ab 120 cm*
- *Streifenstoff, 100 cm, Stoff-breite ab 120 cm*
- *Einlage zum Stabilisieren, wenn der Streifenstoff sehr dünn ist*
- *Flauschband, 110 cm*
- *20 Raffhalteringe*
- *Stickvlies und Stickgarn, ersatzweise Aufnähmotive*
- *1 Raffrollo-Technik-Set mit Kettenzug (z. B. von MHZ)*
- *3 Holzleisten, ca. 15 x 5 mm, je 110 cm lang*

Zuschneiden und nähen

1. Für die Blende an der Unter-kante fertigen Sie am besten eine Schablone an: Jeder Bogen hat eine Breite von 18,3 cm; die Höhe bis zur Spitze beträgt 23 cm, die niedrigste Höhe misst 16,8 cm. Zeichnen Sie gleich drei Bögen nebeneinander, so lässt sich die Kante gleichmäßiger aufzeichnen. Bei anderen Maßen teilen Sie die Rollobreite durch die gewünschte Anzahl der Bögen.

2. Schneiden Sie dann den Stoff und die Einlage zu. Überprüfen Sie zuvor nochmals Ihre Zuschnitt-maße. Sie benötigen vom Voile ein Rechteck von 118 cm in der Breite und 102 cm in der Höhe. Schnei-den Sie außerdem vom Streifen-stoff für die obere Blende ein Rechteck 113 cm in der Breite und 33 cm in der Höhe zu (fertige Höhe 15 cm). Für den Tunneldurch-zug benötigen Sie drei 113 x 5 cm große Streifen (fertige Höhe 3 cm) und für die untere Blende zwei Rechtecke von 113 x 26 cm.

3. Wenn Sie eine Einlage benöti-gen, schneiden Sie diese wie folgt zu: Für die obere Blende ein Recht-eck von 113 x 16,5 cm; für den Tun-neldurchzug drei Streifen von 110 x 3 cm; für die untere Blende ein Rechteck von 113 cm x 26 cm.

4. Säumen Sie die Seitenkanten des Voilestoffes; dazu 2 x 2 cm einschlagen.

5. Danach bügeln Sie die Einlagen auf die Zuschnitteile des Streifen-stoffes. Die Einlage für die obere und untere Blende jeweils auf die linke Stoffseite der vorderen Stoff-teile fixieren. Die Einlage für die Tunnels jeweils in die Mitte bü-geln und anschließend alle Zuga-ben nach links umbügeln. Über-tragen Sie dann auch gleich die untere Bogenkante. Verwenden Sie dazu einen Stoffstift.

6. Das obere Stickmotiv ist ca. 9 cm groß, platzieren Sie es in der oberen Mitte etwas zum unteren Blendenrand versetzt. Die unteren Motive sind ca. 3,5 cm groß. Sie werden auf jedem Bogen etwa 4,7 cm von der Spitze entfernt aufgestickt. Stickvlies nicht vergessen! Haben Sie keine Näh-Stick-Maschine zur Verfügung, so können Sie auch mit einer normalen Nähmaschine Quadrate, die Sie auf die Spitze stellen sticken. Oder Sie applizieren Sterne oder Quadrate aus rotem Stoff. Zum Sticken der Quadrate zeichnen Sie zuerst die Umrandung auf den Stoff. Verwenden Sie auch hier Stickvlies und einen Stickrahmen! Parallel von einer Linie aus beginnend füllen Sie das Quadrat mit sehr eng eingestellten Zickzackstichen (auch Raupennaht genannt), Stichbreite ca. 5 mm. Anschließend umranden Sie die Fläche ebenso. Nach dem Sticken gut dämpfen.

7. Die unteren Blendenteile rechts auf rechts legen und an den Seiten sowie entlang der angezeichneten Bogenlinie zusammennähen. An den Seiten wird oben nur die Zugabe von 1,5 cm zugenäht. Die fol-

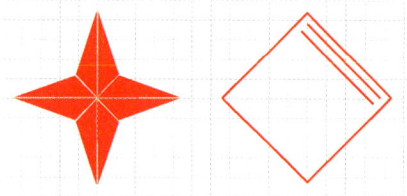

Diese Stickvorlagen können mit Hilfe eines Rasters auf passende Größe vergrößert werden.

genden 3 cm bleiben für das Einschieben des Fallstabes offen. Jetzt die Bogenform der Unterkante ausschneiden. Die Zugaben in den Ecken einschneiden und an den Spitzen zurückschneiden. Das Teil auf rechts wenden.

8. Legen Sie nun das obere Blendenteil längsseits, rechts auf rechts, zur Hälfte zusammen. Schließen Sie die seitlichen Kanten und wenden Sie das Teil auf rechts.

9. Beide Blendenteile bügeln und die Zugaben der offenen Kanten nach innen bügeln. Entlang der Öffnung 2 cm zurückversetzt die Kanten bündig zusammen stecken.

10. Den Voile zwischen die offenen Kanten der Blenden stecken und feststeppen. Die untere Blende schmalkantig absteppen. Am einfachsten geht dies mit einem Kantenfuß. Dabei den Einschub für den Fallstab offen lassen!

11. Die Stoffstreifen für die Tunnels gemäß Zeichnung aufstecken und steppen.

12. Zuletzt das Flauschband auf die Rückseite der oberen Blende nähen.

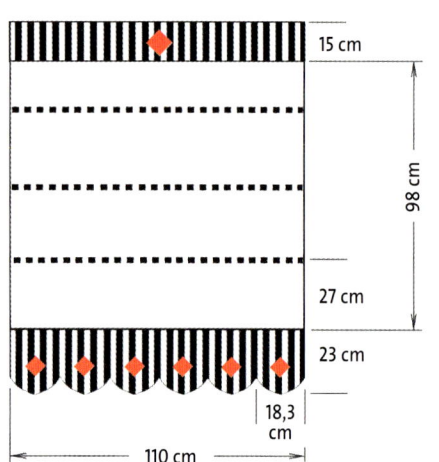

Die Bemaßung entspricht einer Fensterbreite von 110 cm und einer Höhe von 136 cm.

Raffrollo

Der Stoffverbrauch eines Raffrollos richtet sich stark nach der Stoffart. Bei einem relativ stabilen Baumwollstoff wie hier sollten Sie für die Breite und Höhe nicht mehr als Faktor 1,5 berechnen. Der Rafffaktor im abgebildeten Modell beträgt sogar nur 1,4. Bei einem feinen Voile hingegen kann man durchaus Faktor 2,0 oder auch mal mehr nehmen. Das ganze bekommt so den richtigen »Puppenstuben-Charakter«.

SIE BRAUCHEN

- *Stoff für das Rollo, entsprechend Ihren Fenstermaßen; beachten Sie auch die Tabelle auf Seite 45*
- *Stoff für die untere Rüsche; etwa doppelt so lang, wie die Rollounterkante, 10 cm breit*
- *Raffband (Schlaufenband mit Kräuseleffekt) für die vertikale Anbringung, einmal die Rollohöhe mal Anzahl der benötigten Bänder; der vertikale Abstand zwischen den Bändern sollte etwa 40 bis 60 cm betragen, den Höhenrapport beachten*
- *Zugschnur, entsprechend der Menge des Schlaufenbandes plus dem Weg, den jede Schnur braucht, um an der Befestigungsleiste zur Zusammenfassung aller Schnüre zu kommen und bequem bedient werden zu können*
- *Kräuselband mit Flauschrücken, die Länge entspricht der seitlich gesäumten, nicht eingekräuselten Rollobreite*
- *Klettband mit Widerhäkchen, selbstklebend, die Länge entspricht der Rolloleiste*
- *Rolloleiste*

Zuschneiden und nähen

1. Schneiden Sie den Stoff für das Rollo entsprechend Ihren Fenstermaßen zu. Säumen Sie anschließend die Seitenkanten.

2. Den Stoffstreifen für die Rüsche an den Schmalseiten säumen. Danach den Streifen der Länge nach links auf links falten. Mit einer langen Sticheinstellung die Kanten zusammen nähen. Anschließend von Hand gleichmäßig einkräuseln.

3. Die Rüsche auf die rechte Stoffseite der Unterkante des Rollos stecken und aufnähen. Anschließend die Zugaben zusammen versäubern und zum Rollo hin bügeln.

4. Die Aufnählinien für die vertikalen Raffbänder markieren. Hier beträgt der Abstand zum seitlichen Rand ca. 6 cm; es können durchaus aber auch 10 oder 20 cm sein. Die Bänder aufnähen, dabei jeweils an der Rüsche mit einer Schlaufe beginnen.

5. Das Kräuselband mit Flauschrücken an die Oberkante des Rollos nähen. Danach das Rollo bügeln.

6. Nun die vertikalen Bänder gleichmäßig raffen. Dann die Zugschnüre durchfädeln.

7. Anschließend das Kräuselband raffen und das Rollo aufhängen.

Querbehänge

Allgemein

Querbehänge oder Raffbögen werden oft mit Klettband auf Leisten befestigt. Im Unterschied zu den Rollos sind sie jedoch nicht in der Höhe veränderbar. Wer möchte, kann Querbehänge auch mit normalen Häkchen an Stange oder Schiene befestigen. In vielen Fällen hängen die Raffbögen so jedoch durch. Man kann sich behelfen, indem man auf die Rückseite des Querbehangs ein Kräusel- oder Faltenband mit Flauschrücken näht. Eine schmale Leiste in Querbehangbreite wird mit Klettband beklebt und an das fertig geraffte Band geheftet. Oder Sie befestigen eine Leiste mit den entsprechenden Häkchen an Stange oder Schiene und kletten da den Querbehang fest. So sind die Querbehänge verschiebbar, aber stabil. Kleinere Querbehänge an Schiene oder Stange können auch durch zwei Feststeller gespannt werden. Sehr weich fallen Querbehänge, wenn man sie im schrägen Fadenlauf zuschneidet. Da dies in der Regel wesentlich mehr Stoff verschlingt, sollten Sie den Stoff vor dem Kauf daraufhin testen. Leichte bis mittlere Stoffqualitäten fallen meist auch im geraden Fadenlauf sehr schön.

Achten Sie darauf, dass Sie Querbehänge nicht über eine zu große Distanz drapieren. Mehr als zwei Meter sind oft schwer zu bewältigen. Dekorieren Sie lieber schmälere Exemplare leicht überlappend oder einfach nebeneinander. Sollten Sie sich nicht sicher sein, ob ein Entwurf gelingt, machen Sie vorher ein Modell davon.

Querbehang mittig gerafft

Da sich bei dieser Raffung die Vorhangseiten zur Mitte hin ziehen, muss der Zuschnitt zur Unterkante hin trapezförmig verlaufen.

SIE BRAUCHEN

1 Querbehang:
- Stoff in Orange, 70 cm (z. B. von Apelt, Stoff: Pivo)
- Stoff in Grün, 25 cm (Stoff: Pivo)
- 1 Ansteckblume
- Raffrolloband, 45 cm
- Flauschband zum Aufnähen, 86 cm
- Klettband zum Aufkleben, 86 cm
- Holzleiste für die Oberkante, 86 cm

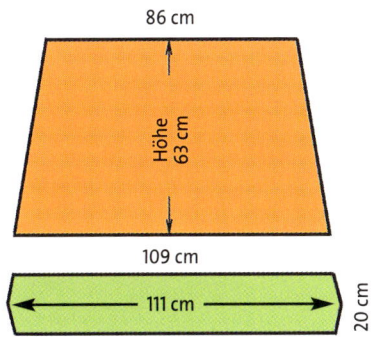

Der Zuschnitt erfolgt zuzüglich den Nahtzugaben.

Zuschneiden und nähen

1. Der Stoffverbrauch wurde hier für eine Fensterbreite von 86 cm errechnet. Machen Sie zwei Schnittteile entsprechend den Maßangaben in der Zeichnung. Geben Sie dann beim Zuschnitt des Stoffes in Orange folgende Zugaben dazu: 4 cm an den Seitenkanten, 2 cm an der Oberkante, 1 cm an der Unterkante; beim Stoff in Grün 4 cm an den Seitenkanten und 1 cm an beiden Längskanten. Hat Ihr Fenster stark abweichende Maße, so sollten Sie die vorläufige Breite der unteren Kante erst zeichnerisch ermitteln (siehe »Querbehang in Bogenform«, Seite 56), da sich je nach Stärke der Raffung und Materialfestigkeit starke Abweichungen ergeben. Vor dem endgültigen seitlichen Säumen arbeiten Sie dann nur Punkt 2 bis 4 und 6 bis 7 nach. Beim provisorischen Aufhängen stecken Sie die endgültige Breite ab und arbeiten noch nach Punkt 5 die seitlichen Säume.

2. Legen Sie die grüne Blende rechts auf rechts auf den Querbehang und nähen Sie diese fest.

3. Die Nahtzugaben und die Nahtzugabe der gegenüberliegenden langen Kante zur Blende hin bügeln.

4. Offene Kante auf der Rückseite feststecken, so dass sie die vorherige Naht um 1 mm verdeckt. Von rechts dicht neben der Blende feststeppen.

5. Die Seitenkanten zweimal 2 cm einschlagen und feststeppen.

6. Die Oberkante 2 cm breit auf links bügeln und das Flauschband darübersteppen.

7. Die Mittellinie markieren und das Raffrolloband aufsteppen. Die Raffschnüre nach oben herausziehen und den Stoff auf ca. 50 cm fertige Gesamthöhe einkräuseln. Zuletzt die Blume anstecken.

Vorhang und Querbehang am Stück drapiert

»Opus« ist der Name dieses Stoffes. Er beschreibt eigentlich schon die Gesamtwirkung des Arrangements. Ein wunderschön bestickter Voile, der zum üppigen Drapieren geradezu einlädt. Das schlichte Rollo mit seinem ebenfalls üppigen Abschluss unterstreicht die Wirkung zusätzlich. Um Volumen zu bekommen, wird der Stoff in seiner gesamten Höhe verarbeitet. Achten Sie bei solchen Drapierungen darauf, dass der Stoff kein Muster mit Richtung hat, da es sonst mindestens auf einer Seite Kopf stehen muss.

- *Voile (z. B. von Apelt), zweimal die Länge vom Boden bis zur Stange plus jeweils 20 cm zum Aufbauschen (auf dem Boden aufstehen lassen), Stoffbreite ca. 300 cm plus die Breite der Stange*
- *Klettband mit Widerhäkchen, selbstklebend; die Länge entspricht der Stangenbreite*
- *Flauschband zum Aufnähen*

ten versetzt. Nehmen Sie dann den Vorhang und kletten Sie ihn auf. Das mittlere herabhängende Stoffteil in großzügigem Bogen seitlich über die Stange nach hinten legen. Zum Schluss brauchen Sie nur noch die Seiten zurecht zupfen.

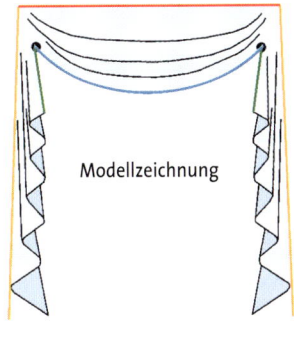

Modellzeichnung

TIPP

Wenn Sie einen Stoff haben, der eventuell zu dick ist, um doppelt verarbeitet zu werden, säumen Sie beide langen Seiten getrennt. Nähen Sie dann das Flauschband nur auf einer Seite in Stangenbreite auf.

Schnittzeichnung

2 – 2,5 x fertige Höhe

Nach dem Säumen kann der Vorhang entlang den gestrichelten Linien gerafft werden.

Zuschneiden und nähen

1. Schneiden Sie die Schnittkanten fadengerade zu.
2. Legen Sie den Stoff der Länge nach rechts auf rechts und Webkante auf Webkante zusammen. Von der Mitte aus stecken Sie dann die Webkanten nach rechts und links jeweils über die halbe Stangenbreite zusammen (dies ergibt die gesamte Stangenbreite). Steppen Sie die Kanten über die gesteckte Länge zusammen; dabei einen Kantenabstand von ca. 4 cm halten.
3. Arbeiten Sie am restlichen Verlauf der Webkanten einen doppelten 2 cm breiten Saum.
4. Wenden Sie den Stoff auf rechts und nähen Sie entlang dem geschlossenen Abschnitt (Länge der Stangenbreite) das Flauschband auf.
5. Zuletzt nur noch die Schmalseiten einsäumen.
6. Zum Drapieren kleben Sie nun das Klettband auf, an der Stange auf der Oberseite leicht nach hin-

Sie haben noch eine andere Möglichkeit den Vorhang zu drapieren. Statt der Stange können Sie auch zwei Drapierhaken verwenden. Pro Drapierhaken werden etwa nochmals 50 cm Stoff benötigt. In die Fenstermitte sollte dann allerdings eine Leiste mit Klettband angebracht werden, damit der Stoff nicht durchhängen kann. Eine weitere Variation bietet ein Zuschnitt nach oben stehender Zeichnung: Arbeiten Sie einen Saum mit diagonalem Verlauf. Das bewirkt beim Drapieren einen asymmetrischen Fall. Dazu wird der Stoff aber in aller Regel nicht bodenlang gemacht. Da die linken Stoffseiten sichtbar werden, sollte der Stoff beidseitig schön sein. Ansonsten füttern Sie ihn ab. Für diesen Entwurf messen Sie vom untersten Zipfelende nach oben, dann quer über die Stange zur anderen Seite (Linie Gelb-Rot-Gelb in der Modellzeichnung). Dies ergibt die lange Kante oben

in der Schnittzeichnung. Außerdem messen Sie vom kürzesten Zipfel auf der einen Seite im Bogen bis zum kürzesten Zipfel auf der anderen Seite (Linie Grün-Blau-Grün). Dies ergibt parallel zur ersten Strecke die kürzere Seite. Bei einfacher Stofflage wird noch die gewünschte Höhe des Querbehanges gemessen und mit 2 bis 2,5 multipliziert. Zum Messen der gewünschten Höhe des Querbehanges sollten Sie die blaue Bogenstrecke noch einmal messen: So weit, wie der Bogen durchhängt, ist die spätere Höhe. Noch einfacher geht dies mit einer maßstabsgetreuen Zeichnung. Nähen Sie den Querbehang wie beim Grundmodell (jedoch in einfacher Stofflage, siehe Tipp) beschrieben. Das Drapieren geht leicht von der Hand, wenn Sie die in der Schnittzeichnung gestrichelte Linie von Hand vorfalten oder mit großen Stichen nachnähen und die Fäden fest anziehen. Bei stabileren Stoffen kann auch ein Stück schmales Kräuselband aufgenäht werden.

Querbehang in Bogenform

Bei einem Querbehang für ein zweiflügeliges Fenster, der in die Schiene gehängt wird, sollten Sie den Behang zwischen den Feststellern spannen, so dass er nicht durchhängen kann. Passend dazu können Sie auch gleich zwei Seitenvorhänge nähen. Diese Kombination gibt dem Fenster einen festlichen Rahmen.

Papierschnitt anfertigen

Fertigen Sie den Querbehang nach einem maßstabgetreuen Entwurf: Zeichnen Sie das Fenster im beliebigen Maßstab auf Papier. Legen Sie dann die ungefähre Höhe des Querbehanges fest und markieren Sie diese als Punkt in der Mitte des Fensters (siehe Modellzeichnung). Verbinden Sie die oberen Ecken des Fensters bogenförmig über diesen Punkt. Messen Sie die halbe Bogenlinie (blaue Linie) mit einem Maßband ab. In der Mitte des Fensters legen Sie einen Bereich fest, in dem Sie den Stoff nicht raffen (orangefarbene Linie).

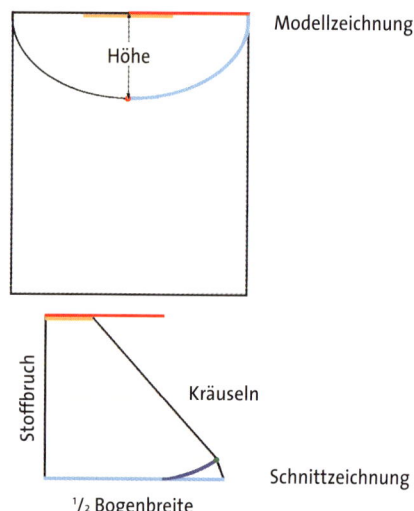

Eine Schnittzeichnung immer mit der Stoffbruchkante beginnen.

Zeichnen Sie dann den halben Papierschnitt (siehe Schnittzeichnung; die rote Linie bezeichnet die halbe Fensterbreite): Legen Sie die Höhe des Querbehanges in knapp doppelter Höhe als Stoffbruch fest. Zeichnen Sie oben die Hälfte des ungerafften Bereiches (orangefarbene Linie) im rechten Winkel dazu, ebenso unten die halbe gemessene Bogenbreite (blaue Linie). Verbinden Sie nun die Endpunkte miteinander. Achten Sie darauf, dass die sich bildende Schräge einen etwa 2-fachen Raffaktor erhält. Gleichen Sie dazu eventuell nochmals den ungerafften Bereich an.

Sie können die Bogenkante an den Ecken noch etwas abrunden. Dazu verlegen Sie den unteren Eckpunkt etwa 5 bis 10 cm, je nach Größe des Querbehanges, auf der schrägen Linie nach oben.

SIE BRAUCHEN

- *Stoff (z. B. von Apelt, Stoff: Orient), in doppelter Papierschnittgröße plus Zugaben (siehe Anleitung)*
- *Kräuselband je nach Aufhängungsart (siehe Anleitung), zweimal die Länge für die Schräge und den ungerafften Bereich*

Zuschneiden und nähen

1. Schneiden Sie den Querbehang nach diesem Schnitt zu. Vergessen Sie dabei die Nahtzugaben nicht! Für die Bogenkante genügen je 2 cm, die anderen Zugaben richten sich nach der verwendeten Bandbreite und Aufhängeart.
2. Arbeiten Sie zuerst an der unteren Kante einen doppelten Saum. Die übrigen Zugaben einmal auf links einbügeln.
3. Bestimmen Sie die Aufhängeart. Wenn Sie den Querbehang an einer Leiste anbringen, steppen Sie ein 2 bis 3 cm breites Kräuselband mit Flauschrücken durchgehend auf die eingebügelten Zugaben. Bei der Anbringung an einer Stange oder Schiene können Sie normales Kräuselband oder jedes andere schmale Band verwenden. Legen Sie das Band in den Ecken zu einer Falte. Den Bereich der nicht zu raffenden Oberkante festigen Sie, indem Sie dort quer über die Zugschnüre steppen.
4. Zuletzt raffen Sie die entsprechenden Bereiche und passen diese noch der Schiene oder der Leiste an.

(blaue Linie), senkrecht dazu die Höhe (Stoffbruch). Der mittlere Raffbereich (grüne Linie) wird erst einmal in doppelter Breite eingezeichnet. Jetzt ist es wichtig, die vorgegebenen Winkel einzuhalten. Der seitliche Raffbereich wird ebenfalls mit einer zweifachen Raffweite im 50° Winkel zur Bogenbreite eingezeichnet. Verbunden werden die beiden Raffbereiche im 150° Winkel. Meist weicht die Form dann etwas ab. Passen Sie diese noch an, indem Sie die letzte Linie parallel verschieben, bis der gezeichnete Körper proportional so ähnlich aussieht wie die Zeichnung.

Zuschneiden und nähen

1. Legen Sie den Stoff zur Hälfte zusammen und legen Sie den Papierschnitt am Stoffbruch an. Schneiden Sie den Querbehang mit ca. 2 bis 3 cm Nahtzugabe an allen Zuschnittkanten zu.
2. Nähen Sie den Querbehang, wie beim Modell »Querbehang in Bogenform« auf Seite 56 beschrieben.

Modellvariante Querbehang in Fächerform

Diese Version sehen Sie beim Modell »Querbehang mit Seitenschal« auf Seite 61. Das hier beschriebene Modell bezieht sich auf eine Fensterbreite oder eine Leistenbreite von 100 cm, bei etwa 2-facher Raffung der Mitte und der Seiten. Sie können die Zuschnittmaße aber auch ohne Veränderung für ein Fenster von ca. 90 bis 110 cm Breite übernehmen. Wenn die Maße Ihres Fensters völlig abweichen, konstruieren Sie einfach einen neuen Schnitt entsprechend der Modell- und Schnittzeichnung. Für den Papierschnitt zeichnen Sie dann zuerst die halbe Bogenbreite

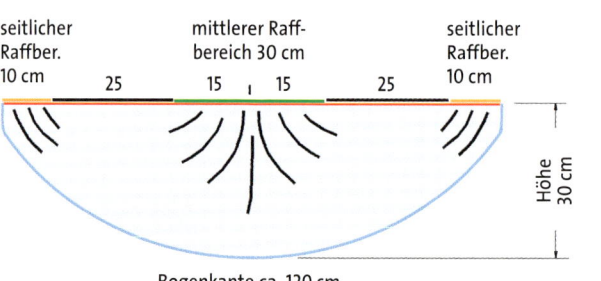

Modellzeichnung
Beispiel Fensterbreite 100 cm

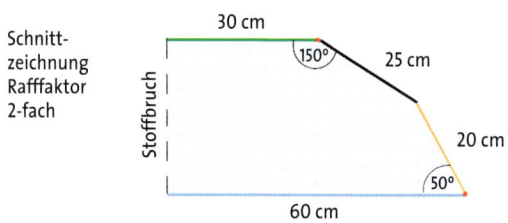

Zuerst wird das Modell den eigenen Fenstermaßen entsprechend aufgezeichnet. Mit Hilfe der Bemaßung kann dann der Schnitt konstruiert werden.

Querbehang mit Spitze

Dieser Querbehang, im Foto als Modell gefertigt, ist ganz einfach zu nähen. Er wird schlichtweg aus einem quadratischen Stück Stoff geschnitten. Sie können die Spitze im rechten Winkel belassen oder auch etwas abrunden, wie in der Schnittzeichnung zu sehen.

SIE BRAUCHEN

- *Stoff, in der Regel entspricht die Kantenlänge des Quadrates der halben Fensterbreite. Bei dieser Konstellation beträgt dann die Höhe des fertigen Querbehangs dem Faktor 0,8 der Kantenlänge*
- *Stoffstreifen zum Einfassen der Oberkante, die Länge entspricht der eingekräuselten Oberkante plus Zugabe, die Breite richtet sich nach der Aufhängungsart*
- *Flauschband, je nach Aufhängungsart*

Zuschneiden und nähen

1. Schneiden Sie das Stoffteil quadratisch im Fadenlauf zu.
2. Säumen Sie dann zwei nebeneinander liegende Seiten.
3. Die anderen beiden Seiten werden auf die halbe Fensterbreite eingekräuselt und auf einem Bügelbrett festgesteckt. Ordnen Sie die Fältchen gleichmäßig an und schneiden Sie die verbleibende Spitze in der Mitte einfach ab (siehe Zeichnung, blauer Strich). Auf diese Weise erhalten Sie eine gerade Oberkante.
4. Fassen Sie dann die Oberkante mit dem Stoffstreifen ein. Befestigen Sie den Querbehang an einer Leiste, dazu wird auf die Rückseite ein Flauschband genäht.

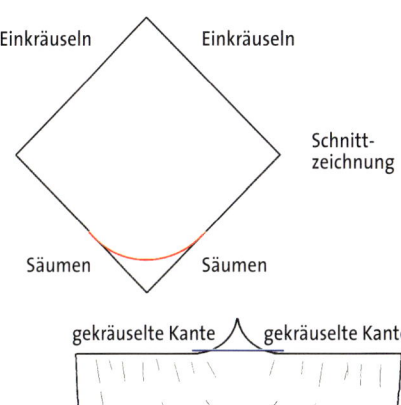

Beim Einkräuseln der beiden Kanten steht die rechtwinklige Ecke spitz nach oben.

TIPP

Anstelle eines Querbehanges eignet sich diese Form auch als Verzierung für einen Vorhang. Lassen Sie dann das Flauschband weg und nähen Sie statt dessen, je nach Vorhangbreite, mehrere Bänder an. Beim Festmachen können Sie hübsch aussehende Schleifen binden.

Alternative zum gerafften Querbehang

Selbstverständlich eignen sich auch glatte Stoffstücke als Querbehang. Gerne werden diese dann als Schabracken bezeichnet. Die Übergänge sind jedoch fließend. Formen lassen sich von Rolloabschlüssen ableiten. Sie können auch etwas eigenes erfinden. Runde abstrakte Formen eignen sich ebenso wie strenge graphische Muster. Je nach erwünschtem Aussehen können Sie den Stoff mit Einlage verstärken oder unverstärkt belassen.

Wer den Querbehang über eine Stange legen möchte kann ihn auch so gestalten, dass er vorne und hinten gleich weit herunter hängt und sich somit von ganz alleine in der Waage hält, also ohne zusätzliche Befestigung auskommt. Die Zeichnung zeigt Ihnen ein Beispiel.

Es werden einfach zwei verschiedenfarbige Stoffteile (hier mit den Zacken versetzt) miteinander verstürzt.

Querbehang mit Seitenschal

Wo es der Stil erlaubt, sind kleine Fenster ohne riesiges Vorhangarrangement subtiler. Insbesondere bei Platzmangel stellt ein Querbehang in Kombination mit einem Seitenbehang eine hübsche Alternative dar. Es entsteht ein wohnlicher Rahmen um das Fenster. Seitenbehänge sind schnell genäht und der Stoffbedarf ist gering. Befestigt werden Sie wie Querbehänge an Leisten, Stangen oder Schienen. Man kann sie zuvor auch an einen Querbehang – hier die Fächerform – kletten, bevor man dann das gesamte Arrangement am Fenster befestigt. Seitenbehänge sind ein Thema zum Experimentieren. Schneiden Sie ein Quadrat und hängen Sie es an einem Zipfel oder in seiner Mitte auf. Schneiden Sie eine symmetrische Form oder eine asymmetrische und probieren Sie die unterschiedlichen Wirkungen einfach aus. Fast ohne Experimente kommen Sie mit diesem Entwurf aus. Lediglich zeichnerisch sollten Sie die Proportionen Ihres Fensters ausloten.

SIE BRAUCHEN

- *Stoff. In der Regel werden drei bis fünf Falten gelegt. Die Breite der Falten liegt etwa bei 15 bis 20 cm. Bei vier Falten brauchen Sie im ersten Fall, mit 15 cm breiten Falten, 120 cm Vorhangbreite, im zweiten Fall 160 cm Breite, jeweils plus Zugaben. Meist wird die Vorhangbreite durch die Stoffbreite bereits automatisch begrenzt*
- *Nahtband, am besten einen Streifen Vlieseline zuschneiden, die Länge entspricht der schrägen Saumkante*
- *Stoffstreifen zum Einfassen der Oberkante*
- *Flauschband, die Länge entspricht der fertigen Oberkante.*

Zuschneiden und nähen

1. Legen Sie in Ihrer maßstabsgetreuen Zeichnung die Länge des kurzen Endes (hier 50 cm) und des längeren Zipfels (hier 100 cm) fest. Übertragen sie die Werte in die Schnittzeichnung. Auf dem Stoff zeichnen Sie die schräge Schnittkante vor dem Zuschnitt mit einem für den Stoff passenden Trick-Marker oder Aquastift auf (siehe Detailzeichnung, grüne Linie). Achten Sie darauf, dass Sie einen zweiten Schal seitenverkehrt aufzeichnen!

2. Bügeln Sie noch vor dem Zuschnitt ein Nahtband oder einen Streifen Vlieseline im Abstand von

TIPP

Sehr edel wirkt ein Seitenbehang, wenn Sie ihn füttern. Wie in der Zeichnung angedeutet bringt so die farbig abgesetzte Rückseite den besonderen Kick. Verstürzen Sie dazu einfach die beiden Seiten und die Unterkante mit dem Futterstoff. Vor dem Wenden die Nahtzugaben in den Ecken zurückschneiden.

1 cm parallel an die schräge Linie. So kann sich der Stoff entlang dieser Strecke (untere Saumkante) nicht verziehen. Die Seiten können parallel laufen, wie im Modell, oder leicht ausgestellt werden, wenn Sie unten mehr Breite möchten. In der Schnittzeichnung wird dies durch die beigefarbenen Flächen dargestellt. Schneiden Sie den Schnitt entsprechend zu. Danach schneiden Sie die untere spitze Ecke ab, wie in der Detailzeichnung zu sehen.

3. Säumen Sie fortlaufend die Seiten und die untere Kante. Beim Einlegen der Falten können Sie die vordere Kante wie bei einem einfachen Vorhang einmal ein-

schlagen. Nun quer über die Falten nähen.

4. Anschließend die Oberkante versäubern und je nach Befestigungsart Flauschband aufnähen. Wenn Sie zum Beispiel auch den Querbehang in Fächerform (siehe Seite 58) anfertigen, so nähen Sie zusätzlich auf der Vorderseite des Schals Klettband auf. So können Sie Seitenschal und Querbehang zusammen kletten. Möglich wäre auch ein Zusammennähen beider Teile, dies ist jedoch beim Waschen und Bügeln störend.

Das Nahtband vor dem Zuschnitt aufbügeln und dann erst nach dem Zuschnitt die Ecke abschneiden.

Beispiel für drei Falten

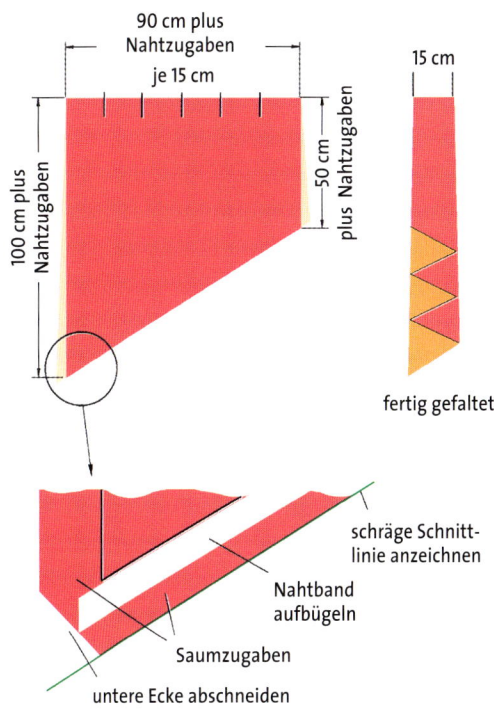

Individuelle Vorhangdesigns

SIE BRAUCHEN

- Fertig genähter Vorhang
- Polyesterstoffe (z. B. von Nya Nordiska, Stoff: Open air), querbeet durch die Farbpalette

Zuschneiden und nähen

1. Schneiden Sie aus den verschieden farbigen Stoffstücken 18 x 15 cm große Rechtecke zu. Die Stoffe müssen aus Polyester sein, da Baumwolle oder andere Naturfasern beim »Versäubern« lichterloh brennen würden. Bitte immer das Schmelzverhalten des Stoffes vorher ganz vorsichtig ausprobieren!

2. Zum »Versäubern« der Rechtecke stellen Sie in einem absolut zugfreien Raum eine Kerze auf. Halten Sie eine Stoffkante zwischen Ihren Händen mit leichter Spannung knapp unterhalb der brennenden Dochtspitze. Führen Sie die Kante mit gleichmäßiger Bewegung so dicht am Docht vorbei, dass die Kante gerade schmelzen kann. Verfahren Sie so mit allen Seiten der Rechtecke.

3. Falten Sie nun die Rechtecke von der Mitte ausgehend zusammen und stecken Sie diese leicht versetzt auf den bereits dekorierten Vorhang; hierzu am besten kleine Sicherheitsnadeln verwenden.

4. Vorhang nochmals abnehmen und die »Fleckerl« mit dem Riegelprogramm oder kleinen Zickzackstichen aufnähen.

Fleckerlvorhang

Wer keinen geeigneten Stoff finden kann, wird selbst zum Designer! Wie einfach das geht, zeigt dieses originelle Vorhangmodell. Auf einen einfach gearbeiteten Vorhang werden zusammengefaltete Rechtecke, sogenannte »Fleckerl« genäht.

Vorhang mit Stickerei

Wer gerne von Hand oder noch besser mit der Maschine stickt, kann auch einzelne Stoffrechtecke besticken und auf dem Vorhangstoff verteilen. Hübsch sehen die Rechtecke aus, wenn Sie die Kanten mit einem Satinband einfassen. Nähen Sie die kleinen Kunstwerke nur an den Ecken an.

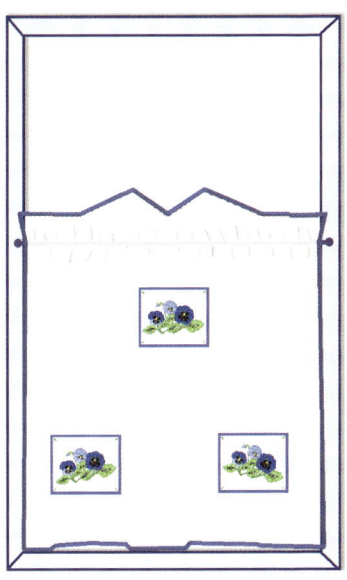

Plakativer Vorhang

Ist ein Stoff zu schmal oder ein Muster zu langweilig, so zerschneidet man es in Streifen und mixt es mit einem anderen Stoff. Nähen Sie Streifen für Streifen einfach wieder zusammen. Achten Sie jedoch unbedingt darauf, dass die Stoffe farbecht sind!
Sehr abstrakt und modern wirkt dieser Stoffmix im Streifenlook. Dezent und lieblich sieht es aus, wenn Sie einen karierten oder gestreiften Stoff mit einem Blumenmuster in den selben Farben kombinieren.

Vorhang mit Bändern

Eine nette Idee, vor allem für lange Fenster, ist die Ummantelung der vorderen Kanten mit verschieden farbigen und verschieden breiten Satinbänder. Dazu werden die gewünschten Bänder einfach vorne und hinten über die Kante gesteckt, entlang den Schnittkanten eingeschlagen und fest gesteppt.

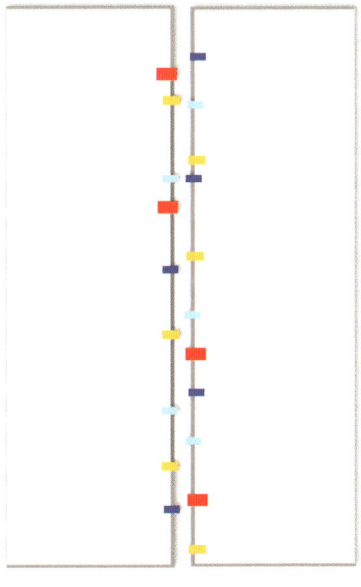

Schlusswort

Ganz herzlich möchte ich mich nun bei allen Bekannten und Verwandten bedanken, die mir ihre Fenster und vor allem ihre Geduld zur Verfügung gestellt haben.

Außerdem gilt mein Dank folgenden Firmen die mich tatkräftig unterstützt haben:

STOFFE:
Nya Nordiska
29446 Dannenberg
Tel. 05861-80910
Abbildungen Seite 23, 31, 35, 46

Alfred Apelt GmbH
An der Rench 2
77704 Oberkirch
Tel. 07802-8070
Abbildungen Seite 27, 53, 54, 57

Fuggerhaus
86006 Augsburg
Tel. 0821-3205-0
Abbildungen Seite 13, 14, 15, 59, 61

STANGEN, SEILE, SCHIENEN, ROLLOTECHNIK:
MHZ Hachtel
70505 Stuttgart
Tel. 0711-9751-0
Abbildungen Seite 12, 37, 39, 49

Rosso Objekte
70193 Stuttgart
Tel. 0711-633014-40
Abbildungen Seite 12, 14, 15, 31, 37

Döfix Döhlemann siehe Bänder

BÄNDER:
Döfix Döhlemann
73235 Weilheim/Teck
Tel. 07023-94900
Abbildung Rollotechniken Seite 46

ÖSEN:
Wohn-Textil GmbH
93526 Kulmbach

BLUMENSCHMUCK UND BEISTELLTISCH:
Wohnhaus Nehl GmbH
Frau Neuwöhner
Eugenstr. 57 – 59
88045 Friedrichshafen
Abbildungen Seite 31, 34, 54

EDELSTAHLSCHALE:
Möbel-Frey OHG
Christophstr. 26
88662 Überlingen
Abbildung Seite 37

Die Deutsche Bibliothek – CIP-Einheitsaufnahme

Ein Titeldatensatz für diese Publikation ist bei Der Deutschen Bibliothek erhältlich.

Fotografie: Klaus Lipa, Diedorf bei Augsburg
Lektorat: Renate Moog, Stephanskirchen
Umschlagkonzeption:
Kontrapunkt, Kopenhagen
Herstellung und Umschlaglayout:
Charmaine Müller
Layout: Anton Walter, Gundelfingen

Augustus Verlag München 2001
© Weltbild Ratgeber Verlage GmbH & Co. KG.

Satz: Gesetzt aus 10,5 Punkt The Sans Mix von DTP-Design Walter, Gundelfingen
Reproduktion: GAV Prepress, Gerstetten
Druck und Bindung: Appl, Wemding

Gedruckt auf 115 g umweltfreundlich elementar chlorfrei gebleichtes Papier.

ISBN 3–8043–0812–0

Printed in Germany